はじめての水引アレンジ

長浦ちえ

はじめに

　水引は、儀礼的な場で"気持ちを包むもの"として、相手を敬い、想いながら結ぶもの。その起源は飛鳥時代にまで遡るといわれ、遣隋使の小野妹子が帰国の折、同行した隋の使者からの献上品に紅白に染め分けられた麻紐がかけられていたことが始まりといわれています。

　水引と同じような結びは国内外でも数多く見受けられます。興味深いのはその名前のつけ方です。海洋を制する歴史のある国では海にまつわる名称が多いのです。一方、日本では花鳥風月に因んだものが多いのが特徴です。そこには、願いや祈りを大切にし、移ろいゆく四季や生き物を愛おしく感じとってきた、日本人のこまやかな美意識が垣間見えます。ライフスタイルが多様化した現代でも、その感性は脈々と受け継がれていると感じています。

　贈る相手を想いながら丁寧に水引を結ぶ時間は、実に豊かなものです。本書では、水引や紙の種類・色の指定はしていません。贈る相手の好みを想像しながら、シチュエーションによって色を選んでみてください。まずは、基本を押さえつつ自由な発想をもって、身近にあるもので作ってみましょう。

　水引がLOVE & PEACEなコミュニケーションツールとして、ご縁を豊かに結びついでくれることを願って。

長浦ちえ

CONTENTS

はじめに ……… 3

暮らしにも役立つ 水引の基本 ……… 6
水引アレンジの基本　あわじ結びをマスターしましょう ……… 7
水引アレンジを楽しむコツ ……… 8
　　　結ぶ前に"水引をしごく"
　　　形と大きさを整える
　　　先端を揃えながら水引を結ぶ
　　　ワイヤーの扱い方
　　　フローラテープの巻き方

PART 1　毎日の水引アレンジ

花箱 ……… 11
花ブローチ ……… 16
水引封かん ……… 22
パンジーの手土産結び ……… 24
水引ガーランド ……… 25
モンドリアン風ぽち袋 ……… 26
アーティチョークのネックレス ……… 28
小梅の指輪 ……… 30
水引花カゴ ……… 32
香り根付 ……… 34
おすそわけラッピング ……… 36
お心付けカード ……… 38
熨斗いろいろ ……… 40
ボトルの花飾り ……… 42

本書の使い方
・プロセスで裏側の工程説明をしている箇所には、 黄色枠 ＋ 裏側 と明記されています。
・一般的な水引の長さは1本3尺＝約91cmです（1尺＝約30.3cm）。
・表記されているサイズはきれいに作るための目安です。
・作り慣れてくると、本書で紹介している長さよりも短い寸法で作れるものもあります。
・本書では＃30ワイヤーを「ワイヤー」、木工用ボンドを「ボンド」と表記しています。

PART 2 ハレの日の水引アレンジ

鶴亀松竹梅のお飾り ……… 47
縁起もの16選 ……… 56
　　　松／抱きあわじ結び／梅結び／あわじ結び／五色玉 ……… 57
　　　梅扇 ……… 58
　　　鯛 ……… 59
　　　鶴 ……… 60
　　　クローバー ……… 62
　　　大黒さま ……… 63
　　　富士山 ……… 64
　　　ダルマ ……… 65
　　　水引熨斗／リボン ……… 66
　　　飾り ……… 67
鶴のリングピロー ……… 68
縁起物吊るし飾り ……… 72
松の箸置き＆箸袋 ……… 74
2トーンの祝儀袋 ……… 76
紅白花のリングピロー ……… 80
鶴の箸置き＆餅飾り ……… 82
あわじ結びのぽち袋 ……… 84
めでた置き飾り ……… 86

本書に出てきた **基本の結び** ……… 89
　　　蝶結び ……… 89
　　　結び切り／菜の花結び ……… 90
　　　梅結び ……… 91
　　　ひとつ結び／枝巻き ……… 92
　　　抱きあわじ結び／丸結び ……… 93
　　　亀の子結び ……… 94

Column　熨斗専門店に聞きました ……… 45
Column　水引製造現場に行ってきました ……… 71

本書で使う道具 ……… 95

暮らしにも役立つ
水引の基本

蝶結び(p.89)

結び切り(p.90)

目的に応じて変わる
水引の結び方

贈る目的には「一度であってほしいお祝い事」と「何度あってもよいお祝い事」があります。「結び切り」は真結び、こま結びとも呼ばれます。一度結んだら簡単に解けないため、婚礼のように一度きりであってほしい場合に使います。「蝶結び」は、結び目を解いて結び直すことができるため、入学祝いや出産祝いなど、何度あってもよい一般的な慶事に使います。また、慶事の水引は基本的に「赤白」あるいは「金銀」の奇数本(3・5・7)で結びます。結ぶときは濃い色を右にします。たとえば金銀の水引を結ぶなら、金を右、銀を左とします。基本の結び方を覚えたら、思いを込めて結びましょう。

水引アレンジの基本 <u>あわじ結び</u>を マスターしましょう

水引アレンジの基本となるのが「あわじ結び（あわび結び）」です。あわびは昔から大変な貴重品であり、長寿の象徴とされていました。結び目も左右の輪が互いに結び合い、両端を持って引っ張るとさらに強く結ばれることから、縁起のよい結びのひとつとされています。本書でも、あわじ結びを応用し、異なる結びと組み合わせたアレンジを数多く紹介しています。水引の基本"あわじ結び"をマスターして、自由な発想でアレンジを楽しんでください。

あわじ結び

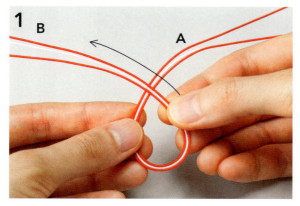

1 水引をよくしごきます（p.8）。水引の中央でBが上になるように水引を重ね、しずく形の輪を作ります

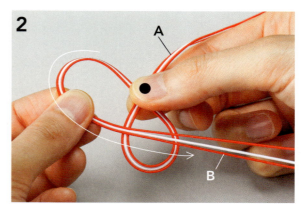

2 右手で●部分を押さえます。Bでもう1つ輪を作り、最初に作った輪に上から重ねます

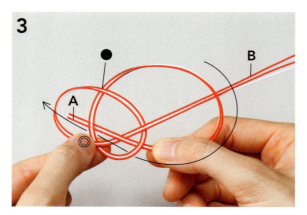

3 左手で◎部分を押さえながら、右手を離します。AをBの上、手前の輪から下、上、下、上の順で通します

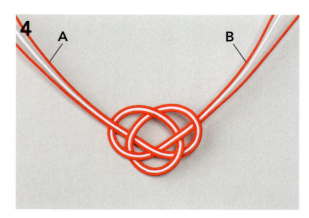

4 形と大きさを整えます

水引アレンジを楽しむコツ

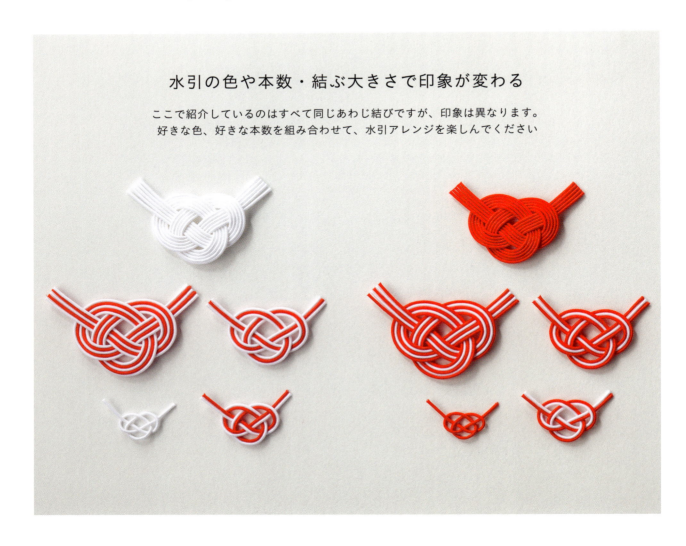

水引の色や本数・結ぶ大きさで印象が変わる

ここで紹介しているのはすべて同じあわじ結びですが、印象は異なります。
好きな色、好きな本数を組み合わせて、水引アレンジを楽しんでください

結ぶ前に"水引をしごく"

1

水引を必要な長さにカットします。水引をまっすぐなまま残したい部分はしごく必要はありません

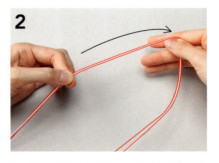

2

親指の腹で水引を2〜3回しごきます。水引が長い場合は、中央部分を持って左右別々にしごきます

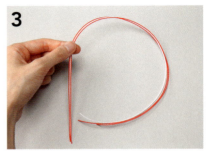

3

しごくことで自然な丸みが出るので結びやすくなります

形と大きさを整える

形を整えるときは、最初に作った部分から徐々に調整していきます。まず左右の輪を引っ張り、中央の輪を小さくします

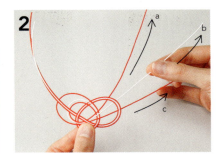

a、b、cの順に内側から1本ずつ水引を引っ張ると全体の形と大きさを整えることができます

先端を揃えながら水引を結ぶ

水引を結ぶ(通す)ときは端を揃えながら作業すると結びやすくなります。先端の長さがばらついてきたときは、途中で切って水引の長さを揃えましょう

ワイヤーの扱い方

本書では#24〜#30ワイヤーを使います(p.95)。#30ワイヤーは「ワイヤー」と表記しています。ワイヤーの扱い方はどの太さでも同じ。まず、手で軽くワイヤーをねじります

水引との間に隙間ができないように、ラジオペンチでワイヤーを少し引っ張りながらねじります。ワイヤーと水引の間に隙間がなくなり、束ねた水引が動かなくなるまで締めます

2mmほど残して余分なワイヤーはラジオペンチでカットします。ワイヤーの先端でケガをしないよう、端部はペンチの腹で押さえ、倒しておきましょう

フローラテープの巻き方

左手で撚るように、右手で手前に少し引っ張るようにしながら巻くと仕上がりがきれいです

PART 1
毎日の水引アレンジ

水引で手作りしたアクセサリーや雑貨は日々の暮らしに彩りを与えてくれます。
ちょっとしたギフトのラッピングやメッセージカードにも、水引アレンジを加えるだけで
よりいっそう丁寧で心のこもった印象になるでしょう。
PART1では、日常生活に取り入れたい、普段使いの水引アレンジを紹介します。

花箱

スズランやパンジー、愛らしい野花をイメージした水引アレンジで小箱を飾りました。
四季の花々や色を意識して、季節の贈り物に

材料

花弁大用	30㎝水引×3本（2セット）
花弁小用	30㎝水引×2本（3セット）
花芯用	20㎝水引×1本
帯用	45㎝水引×1本
箱	6×6×4.3㎝

材料

	60㎝水引×1本
箱	6×6×4.3㎝

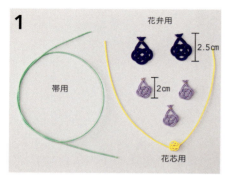

準備

各パーツを用意します。花弁用の水引はそれぞれ3本（大）、2本（小）で表記サイズのあわじ結び（p.7）にし、根元をワイヤーで固定し、余分な水引をカットします。花芯用の水引は1本で直径1㎝ほどの菜の花結び（p.90）にします

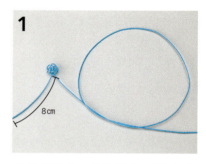

水引の端で、梅結び（p.91）を作ります。8㎝ほど残しておくと作りやすいです

花弁用のあわじ結びを大小それぞれ写真のように組み合わせてボンドで固定します

2と花芯用の菜の花結びを写真のように組み合わせ、ボンドで固定します。余分な水引はカットします

箱と水引の間に隙間ができないように、箱の側面に水引を沿わせます

3の裏側に帯用の水引を通し、箱にかけます。箱の裏側で結び切り（p.90）にします

One point advice

裏側の中央を結び切りで留めています。結び切りの水引の端部は、上側に向けます

箱の角の部分で結び切り（p.90）をします。余分な水引をカットして形を整えたら、梅結びを帯に引っかけます

材料
花用　45㎝水引×1本（3セット）
茎用　9㎝水引×1本（3セット）
帯用　45㎝水引×1本
箱　　6×6×4.3㎝

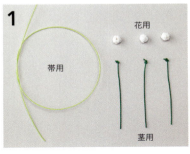

準備
各パーツを用意します。花用の水引で丸結び（p.93）を3つ作ります。茎用の水引は先端でひとつ結び（p.92）にします

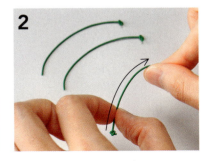

茎用の水引をよくしごきます

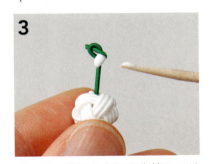

ボンドを茎用の水引の先端につけ、茎用の水引に花用の丸結びを通してボンドで固定します。同様にもう2本作ります

3で作った花を写真のように3本並べて根元をワイヤーで固定し、余分な水引をカットします

ワイヤーを隠すように帯用の水引で根元を結び切り（p.90）で留め、箱にかけます。箱の裏側で結び切りにします

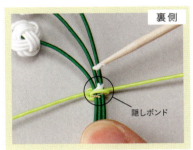

One point advice
花の根元の結び切りは、裏側の隠れる位置にボンドをつけて固定しておくと仕上がりがきれいです

材料
花用
45㎝水引×3本
（2セット）
帯用
45㎝水引×1本
箱
6×6×4.3㎝

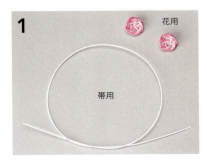

各パーツを用意します。花用の水引3本で梅結び（p.91）を2つ作ります。梅結びは花びらを立てるように、ふんわりと作ります

花用の水引の裏側に帯用の水引を差し入れます。花が中央にくるように帯用の水引を箱にかけ、裏側で結び切り（p.90）にします

材料
90㎝水引×1本
箱　6×6×4.3㎝

水引の中央で丸結び（p.93）を作り、箱にかけます。箱の裏側で結び切り（p.90）にします

材料
60cm水引×1本
箱 6×6×4.3cm

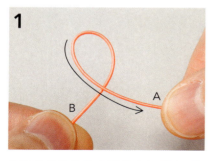

1 Aの水引をBの水引の上に重ねて、しずく形の輪を作ります。水引のおおよそ中央で作ります

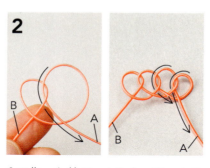

2 1で作った輪に、Aを上、下、上の順で通し、繰り返して4つの輪を作ります

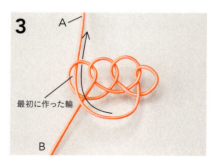

3 Aの水引を最初に作った輪にBの上から通します

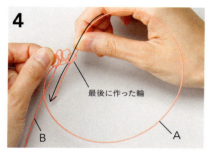

4 Aの水引を最後に作った輪に上から通します

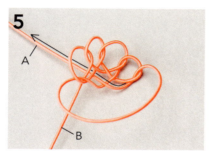

5 Aの水引を中央部分にできた穴に上から通します

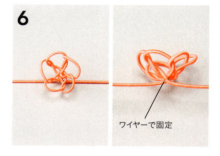

6 形を整え、根元をワイヤーで固定し、箱にかけます。箱の裏側で結び切り（p.90）にします

材料
90cm水引×2本
箱 6×6×4.3cm

1 2本の水引で梅結び（p.91）を作ります。余った水引はそれぞれ1本残してカットします。残した水引を箱に十字にかけます

2 裏側で結び切り（p.90）にします

材料
60cm水引×1本
箱　6×6×4.3cm

1

水引の中央で梅結び（p.91の**1**〜**3**）を作ります

2
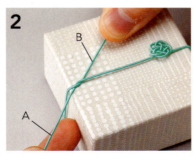

箱の角でAの水引をBの水引の上側にして交差させます

3

Aの水引を箱の右上側にもっていきます

4
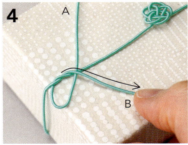

Bの水引をAの水引の上から箱の右下方向へもっていきます

5
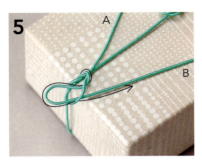

Bの水引をAの水引の輪にU字形に差し入れます

6
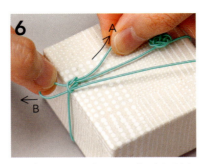

Bを押さえながらAの水引を引き絞り、結び目を作ります。余分な水引をカットします

材料
花弁用
60cm水引×1本
（2セット）
花芯用
3cm水引×1本
（2セット）
箱　6×6×4.3cm

1
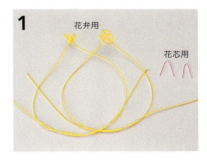

準備
各パーツを用意します。p.14の**1**〜**6**を参考に、花弁用の水引の中央に花を作ります。花芯用の水引は中央で折り曲げます。それぞれ2つ作ります

2
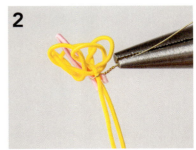

花弁用の水引の中央の穴に花芯用の水引を差し入れ、根元をワイヤーで固定します

3
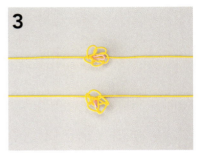

2を2つ作ります。箱にかけ、裏側で結び切り（p.90）にします

花ブローチ

丸、ひし形、四角……
まるでテキスタイル画のような花ブローチは
バッグや帽子などのポイントに

四角い花

材料
花弁用　45cm水引×10本（2セット）
花芯用　30cm水引×2本
葉用　　20cm水引×4本
お好みのブローチ用金具
フェルト（金具に合った大きさ）

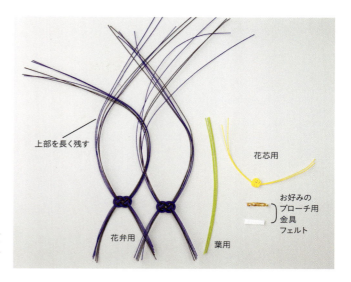

1　準備

各パーツを用意します。花弁用に5本ずつの水引で上部の水引が長く残るよう、形を整えながら抱きあわじ結び（p.93）を2つ作ります。花芯用に菜の花結び（p.90）を作ります

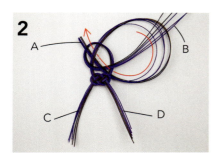

2　花弁を作る
花弁用の水引の抱きあわじ結びの上側に、あわじ結び（p.7）を作ります。結び目に隙間ができないように、小さく形を整えます

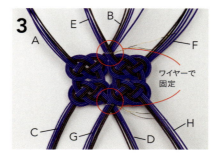

3
2を2つ作り、BとE、DとGの交点をそれぞれワイヤーで固定します。8カ所の余分な水引はカットします

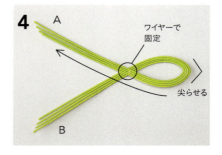

4　葉を作る
4本の水引で、Aが上になるよう重ねてワイヤーで固定し、葉の先端となる部分の形を整えます

5
葉の表側にマスキングテープを貼ります。4本の水引が帯状になるよう、裏側につまようじ等を使ってボンドをつけて固定します。ボンドがよく乾いたらマスキングテープから剥がします

6　組み立てる
3と5で作った花と葉のパーツを裏側からボンドで固定します。水引の上にフェルトをボンドで固定し、その上にブローチ用金具を多用途タイプの接着剤で固定します。余分な水引はカットします

7　完成
花芯用のパーツの余分な水引を上側の水引が少し長くなるようカットし、花弁の中央にボンドで固定します

丸い花

材料
花弁用　60cm水引×5本（2セット）
花芯用　3cm水引×5本
葉用　　30cm水引×3本
　　　　30cm水引×2本
お好みのブローチ用金具
フェルト（金具に合った大きさ）

1　準備

各パーツを用意します。花弁用に5本の水引で<u>あわじ結び</u>（p.7）を2つ作ります。葉用に3本、2本の水引でそれぞれあわじ結びを作ります。葉用のあわじ結びは、中央の輪を少し大きめに作ります。花芯用の水引は平たく並べて端部をワイヤーで固定します

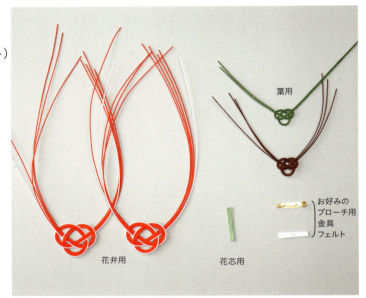

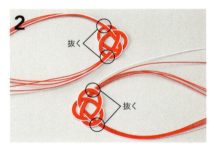

花弁を作る
2つのあわじ結びを向かい合わせにします。それぞれ○の部分を引き抜きます

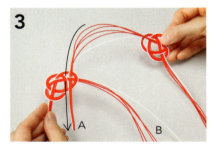

Aの水引をもう1つのあわじ結びの右側の輪に上、下、上の順で通します

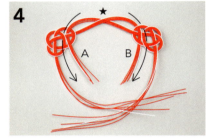

Bの水引をもう1つのあわじ結びの左側の輪に下、上、下の順で通します

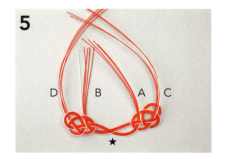

天地を逆にします

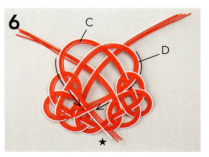

3〜4と同様にCの水引は上、下、上に通し、裏側に引っこめます。Dの水引は下、上、下の順に通します

最初に作ったあわじ結びから順に、少しずつ形を小さく整えます

表側から見えない○の位置4カ所をワイヤーで固定し、余分な水引をカットします

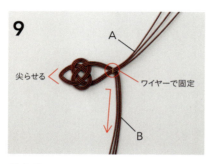

葉を作る
3本の水引で作った葉用のあわじ結びの先端を尖らせます。Aが上になるように重ね、ワイヤーで固定した後、Bを根元で折り曲げ真下に向けます

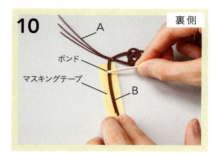

Bの部分の表側にマスキングテープを貼ります。3本の水引が帯状になるよう、つまようじ等を使って裏側にボンドをつけて固定します。ボンドがよく乾いたらマスキングテープから剥がします

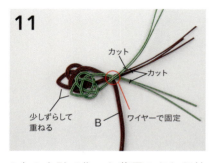

2本の水引で作った葉用のあわじ結びの先端を尖らせ、**10**に重ねます。根元をワイヤーで固定し、Bを残して余分な水引をカットします

花弁、花芯、葉用のそれぞれのパーツをボンドで固定します。花芯用の水引は、なるべく表側から見えないようにボンドで固定します

ブローチ用金具は、まず水引の上にフェルトをボンドで固定し、その上に多用途タイプの接着剤を使って固定します

余分な水引をカットします

One point advice
花弁や花芯、葉の色をかえるだけで異なる表情が楽しめます

ひし形の花

材料
花弁用　90cm水引×4本
花芯用　5cm水引×10本
葉用　60cm水引×2本
お好みのブローチ用金具
フェルト（金具に合った大きさ）

1　準備
各パーツを用意します。花弁用の水引はあわじ結び（p.7）にします。葉用の水引は亀の子結び（p.94）にします

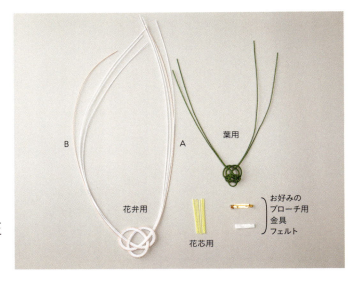

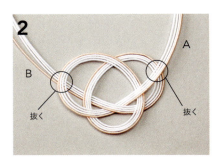

花弁を作る
AとBの水引を引き抜きます

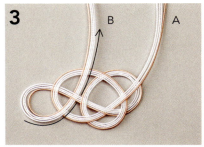

Bをあわじ結びの左側の輪に上、下、上の順で通します

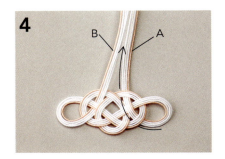

Aをあわじ結びの右側の輪に下、上、下の順に通し形を整えます

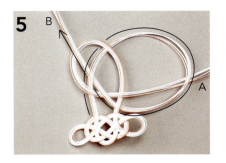

上側にあわじ結びを作ります

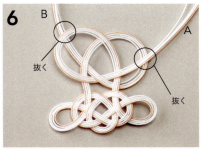

AとBの水引を引き抜きます

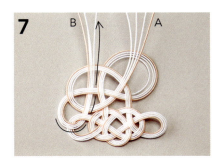

写真のように、Bの水引を**3**で作った輪に上、下と通し、そのまま上側に上、下、上と通します

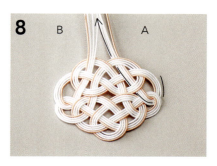

7と同様に、Aの水引は**4**で作った輪に下、上と通し、そのまま上側に下、上、下と通します。作り始めの部分から順に形を整えます

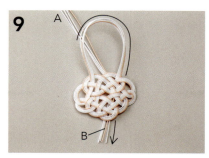

Bを写真のように通します

表側から見えない位置で裏側からBをワイヤーで固定し、余分な水引をカットします

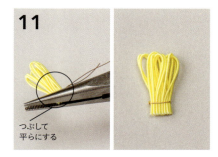

花芯を作る
花芯用の水引を半分に折り曲げ、端部をまとめてワイヤーで固定します。根元の部分はつぶして平らにしておきます

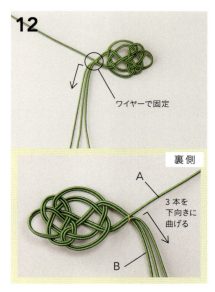

葉を作る
葉は写真のように根元をワイヤーで固定します。下側にくる3本の水引を下向きに曲げます

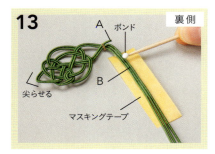

Aは根元でカットします。Bの部分の表側にマスキングテープを貼り、3本の水引が帯状になるよう、裏側につまようじ等でボンドをつけて固定します。ボンドがよく乾いたらマスキングテープから剥がします

組み立てる
花弁用の水引の天地を180度回転させ、花芯用の水引を中央部分に差し入れます

裏側で**13**と**14**をボンドで固定します。ブローチ用金具は、水引の上にフェルトをボンドで固定し、その上に多用途タイプの接着剤を使って固定します

余分な水引をカットします

水引封かん

手紙やメッセージカードの封筒に
ワンポイントにもなる封かんを水引で作りました。
相手に開ける楽しみを贈ってみませんか

材料
45cm水引×1本
15cm水引×1本

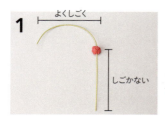

準備
45cm水引で丸結び(p.93)を作ります。15cm水引の片側をよくしごき、丸結びの隙間に通します

15cm水引のよくしごいた側を丸結びの隙間に通し、余分な水引をカットします

材料
30cm水引×1本

菜の花結び(p.90)を作り、水引を好みの長さにカットします

材料
30cm水引×3本

水引熨斗(のし)(p.66)を3本の水引で作ります

材料
30cm水引×1本

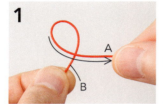

Aの水引をBの水引の上に重ね、しずく形を作ります

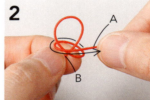

Aの水引を**1**で作った輪の裏側を通して1周させます

材料
30cm水引×6本

抱きあわじ結び(p.93)を3本ずつの水引で作ります

写真のようにAの水引を**2**でできた輪に通して蝶結び風に結びます

水引の端をひとつ結び(p.92)にし、余分な水引をカットします

材料
20cm水引×2本

ひとつ結び(p.92)を作ります

材料
30cm水引×2本
(3セット)

梅結び(p.91)を2本の水引で3つ作ります

材料
花弁用
45cm水引×5本
葉用
15cm水引×1本

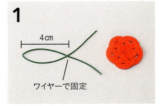

各パーツを用意します。花弁用の水引は5本で梅結び(p.91)にします。葉用の水引は2つに折り曲げ、4cmのところをワイヤーで固定します

葉用の水引を花弁用の水引の裏側にボンドで固定し、余分な水引をカットします

材料
30cm水引×1本

あわじ結び(p.7)を作ります

※すべて、最後に余分な水引をカットして仕上げます。封筒のサイズは6.2×9.5cmです

パンジーの手土産結び

大小のあわじ結びを組み合わせて作るパンジーの花。
パーツをたくさん作ってストックしておけば、必要なときにさっと手軽に結べます

材料（袋1つ分）

花弁大用	30cm水引×3本（2セット）
花弁小用	30cm水引×2本（3セット）
花芯用	20cm水引×1本
帯用	45cm水引×1本
お好みの袋	
お好みのタグ	

1 準備

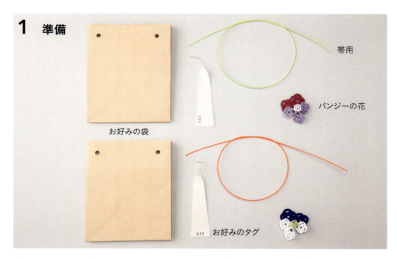

各パーツを用意します。パンジーの花（p.12の**1〜3**）を作ります

2

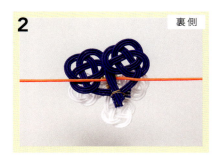

裏側から花の中央に帯用の水引を通し、袋にかけます

3

Aはp.15の**2〜6**を参考に結びます。Bは蝶結び（p.89）をします。余分な水引はカットします。タグをつけます

水引ガーランド

余った水引を細かくカットするだけで
手軽に作れる水引ガーランド。
パーティーなどにも活躍します

材料
カットした水引　適量
お好みの台紙　適量
お好みのひも（2本）適宜

1 準備

細かくカットした水引、台紙、ひも、紙を用意します。台紙となる紙は写真のようにカットします

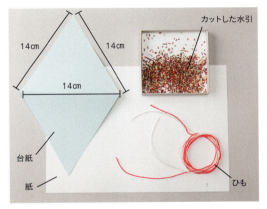

台紙にボンドで書きたい文字を書きます。ボンドは多めにつけるのがポイント。必要な場合は下書きします

水引を台紙の上に振りかけます

余分な水引を振り落とし、隙間のできたところはピンセットを使って水引を足します

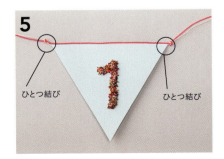

ボンドがよく乾いたら、二つ折りにした台紙をひもで挟んで、両側をひとつ結び（p.92）にします

モンドリアン風
ぽち袋

ぽち袋をキャンバスのように楽しんで、
自由にデザインしてみましょう。
意図しない偶然の形と配置は抽象絵画のよう

材料（ぽち袋1つ分）

水引　　60cm×3本
包み紙　18×15cm
余り紙　適量

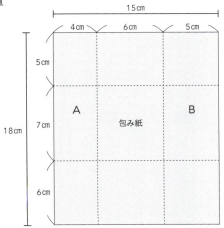

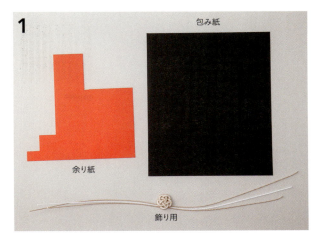

1

準備
包み紙、余り紙、飾り用の水引を用意します。ここでは3本の水引で梅結び（p.91）にしていますが、結び方はお好みでかまいません

2
余り紙を自由な形にカットし、AとBのスペースに配置しながらバランスを考えます

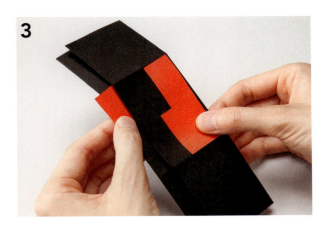

3
p.77の**3〜7**を参考に包み紙を折ります。紙を貼る位置は自由に決めます

4
紙をのりで貼りつけます。飾り用の水引を裏側で結び切り（p.90）にします。余分な水引はカットします

One point advice
偶然できた紙の切れ端をそのまま使うのは、思いがけないデザインに仕上がり、楽しいものです

アーティチョークの
ネックレス

あわじ結びをいくつも作ってつなげたネックレス。可憐な印象で存在感も抜群。
コロンとしたフォルムはまるでアーティチョークのよう

材料
45cm水引×5本（18セット）
お好みのネックレス用チェーン

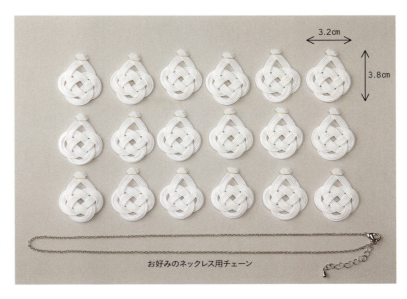

1　準備
各パーツを用意します。5本の水引であわじ結び（p.7）を作り、根元をワイヤーで固定し、余分な水引をカットします。同じパーツを18枚作ります。各パーツのサイズは幅3.2cm×長さ3.8cmが目安です

2 ホットボンドを使って、**1**で作ったあわじ結びのパーツを1枚ずつ写真のように固定します

3 少し丸みを帯びた形になるよう整えながら、ホットボンドで固定します

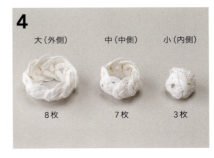

4 大（外側）を8枚、中（中側）を7枚、小（内側）は3枚で丸くなるようにホットボンドで固定します。小はしっかりと丸めて固定するのがポイントです

5 **4**で作ったパーツ（大）の内側にボンドをつけます

6 **4**で作ったパーツ（中・小）を**5**に入れ子のようにはめ込み、ボンドで固定します

7 水引の隙間にお好みのネックレス用チェーンを通します

小梅の指輪

指もとに咲く小梅の花とつぼみをイメージした指輪。
和装にはもちろん、シンプルな装いのアクセントにも

材料

花弁用 …… 45cm水引×3本
花芯用 …… 3cm水引×7本
ガク用 …… 30cm水引×2本
つぼみ用 …… 45cm水引×1本
つぼみ用（ガク）…… 30cm水引×2本
お好みの指輪金具

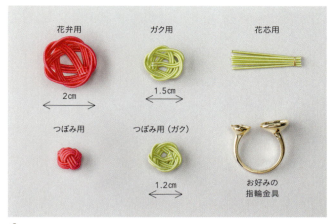

1 準備

各パーツを用意します。花弁用の水引は3本で梅結び（p.91）を作り、立体的に立ち上げます。つぼみ用の水引で丸結び（p.93）を作ります。ガク用の水引は、それぞれ2本で梅結びを作り、立体的に少し立ち上げます。花芯用の水引は7本まとめて端部をワイヤーで固定します

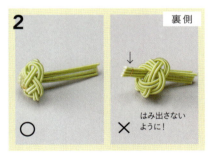

ガク用の水引と花芯用の水引をボンドで固定します。花芯用の水引は裏側に突き出ないように注意

2を花弁用の水引の中央に下側から通します

花弁用とつぼみ用のパーツを、それぞれのガク用の水引とボンドで固定します

多様途タイプの接着剤を指輪金具につけます

4を多様途タイプの接着剤でお好みの指輪金具に取りつけ、余分な水引はカットします

水引花カゴ

ざっくりと水引を編んで作った花カゴ。
水引をあえて不揃いに仕上げることで、
有機的な美しさが生まれます

材料（1個分）

カゴ用	90cm水引×14本
枝巻き用	45cm水引×1本

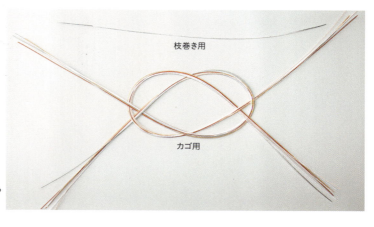

1 準備

各パーツを用意します。カゴ用の水引7本ずつでざっくりと抱きあわじ結び（p.93）をします。水引の並びを揃える必要はありません

2

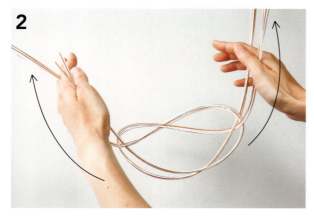

水引の両端を上に持ち上げカゴ状にします

3

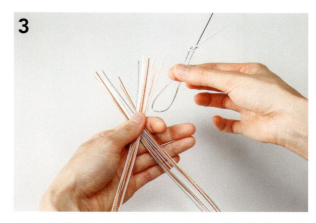

水引の両端をまとめ、お好みの高さで枝巻き（p.92）をします。枝巻き用の水引は引っ張る側にひとつ結び（p.92）で目印をつけておきます

4

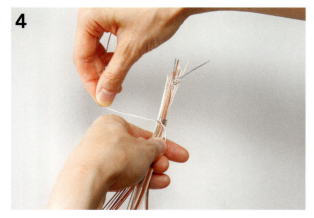

枝巻き用の水引は上から下へ、7回ほど巻きます

5

形を整え、余分な水引をカットします。お好みの花と合わせて完成です

One point advice

水引の色を複数使えば個性的な仕上がりに。金や銀といった光沢のある水引は、使う本数が少なくてもアクセントになります

材料（1個分）
45cm水引×4本（2セット）
カツラ（内径5〜6mm）
お好みの布
お好みの根付用ストラップ

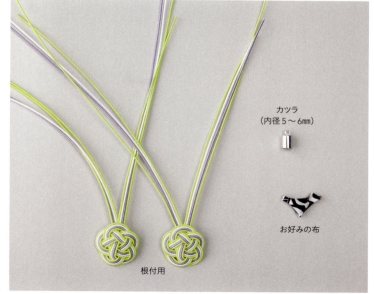

1 準備
各パーツを用意します。根付用の水引で半立体に仕立てた梅結び（p.91）を2つ作ります

2 梅結びのパーツを向かい合わせにし、根元をワイヤーで束ねます

3 好みの香りをつけた布を2の梅結びの間に挟み込みます

4 3の梅結びの外周部分につまようじ等でボンドをつけて接着します

5 根付用パーツとカツラを多用途タイプの接着剤で固定します

6 お好みの根付用ストラップをつけます（※写真は根付用ストラップの取りつけ前）

One point advice
香りを楽しんだ後は、ストラップとして楽しみましょう

※p.34の作品のストラップは著者私物です

おすそわけラッピング

たくさん入ったお菓子や小物をみんなに少しずつ
おすそわけしたいときにぴったりの簡単手軽なラッピング。
水引を添えるだけで、ぐっと素敵に

材料　すべて同じ　　水引×1本（長さは適宜）

ラッピングできる長さを残してあわじ結び（p.7）を作ります。Aの水引を写真のようにあわじ結びに通したら、余分な水引をカットします

蝶結び風（p.23の**1**〜**3**）に結びます。差し込む場所があるラッピングに

丸結び（p.93）を作ります。端部の一方はカットし、一方は丸結びの隙間に通します。余分な水引をカットします

水引の一方にラッピングできるだけの長さを残して、あわじ結び（p.7）を作ります。Aの水引をあわじ結びに通し、余分な水引をカットして完成です

1 梅結び（p.91の**1**〜**3**）を作ります

2 梅結びの上側に梅結びを作ります。Bの水引をAの水引の上に重ねます

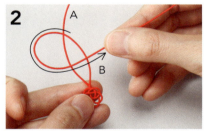

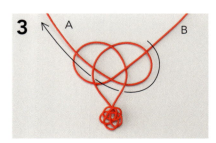

3 Aの水引をBの水引の上から下、上、下、上の順で通し、あわじ結び（p.7）にします

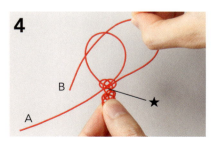

4 AとBの水引を梅結びと同様に★の位置に集めます

5 AとBの水引を写真のように開きます。余分な水引をカットします。差し込む場所があるラッピングに

37

お心付けカード

普段使いの挨拶状に水引アレンジで丁寧さをプラス。
使い勝手のよいメッセージカードを作りました

材料
20cm水引×2本
5cm水引×3本
カード　9×5.5cm

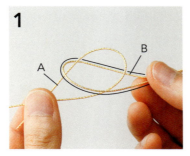

1

20cm水引をそれぞれ輪にして写真のように引っかけます

2

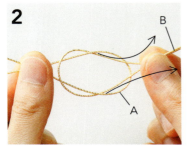

Bの水引の先端をAの輪の下から通し、引っ張ります

3

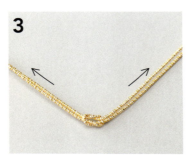

両端を上に向けて、余分な水引をカットします。p.78の**14**を参考に5cm水引3本で作った帯と、カードにボンドで固定します

材料
5cm水引×3本
10cm水引×3本
カード　9×5.5cm

p.78の**14**を参考に5cm水引を3本で帯を作ります。10cm水引をひとつ結び（p.92）で帯に結びます。余分な水引をカットし、カードにボンドで固定します

One point advice
水引をカードに固定するときはボンドを使います。帯はp.78の**14**を参考に作ります。カードのサイズによって帯の長さを調節するとよいでしょう。文字のスタンプはお好みで

材料
30cm水引×3本
15cm水引×1本
5cm水引×1本
カード　9×5.5cm

30cm水引を3本でリボン（p.66リボンの**1**～**2**）を作ります。ワイヤーを隠すように、15cm水引で結び目が裏側になるようひとつ結び（p.93）をします。余分な水引をカットし、カードに5cm水引とリボンをボンドで固定します

材料
20cm水引×3本
カード　9×5.5cm

3本の水引でひとつ結び（p.92）を作ります。余分な水引をカットし、カードにボンドで固定します

材料
20cm水引×3本
カード　9×5.5cm

p.64の**2**～**3**を参考に、3本の水引を8の字に結びます。余分な水引をカットし、カードにボンドで固定します

材料
30cm水引×3本
カード　9×5.5cm

3本の水引であわじ結び（p.7）を作ります。余分な水引をカットし、カードにボンドで固定します

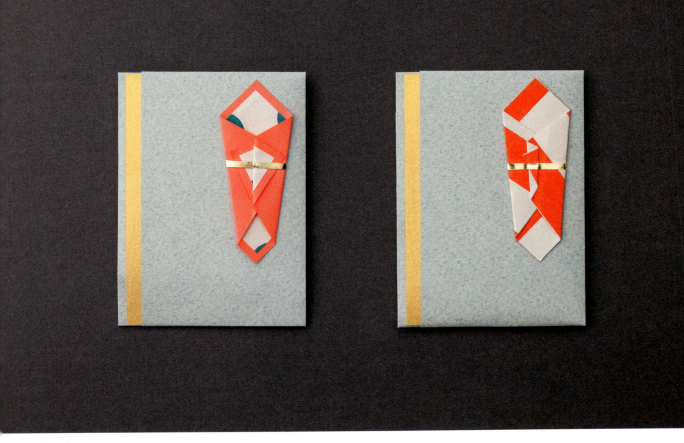

熨斗(のし)いろいろ

「熨斗」には"真心のこもった贈り物の証"という意味合いがあるといわれています。そんな熨斗が主役のぽち袋です

材料
お好みの紙（内側・外側ともに）　　お好みのサイズで（正方形）
帯用の金紙　　　　　　　　　　　　紙のサイズに合わせて

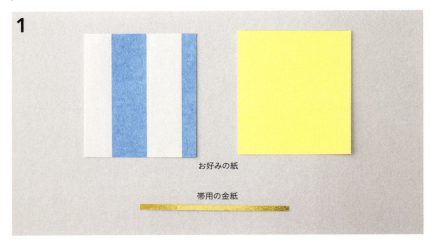

1 各パーツを用意します。紙は正方形にカットします

2 内側と外側用の紙を貼り合わせて、左右を同じ幅に折ります

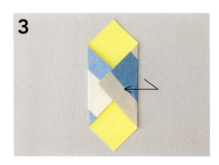

3

右が上になるように折ります

4

右側を折り返します

5

帯をのりで貼りつけます

ボトルの花飾り

ボトルネックに巻きつける花飾り。
季節を楽しみながら
ワインや日本酒のボトルにあしらって

材料

花弁用　60cm水引×2本（2セット）
花芯用　45cm水引×1本（2セット）
葉用　　45cm水引×2本
　　　　45cm水引×3本
枝用　　#26ワイヤー　36cm×2本

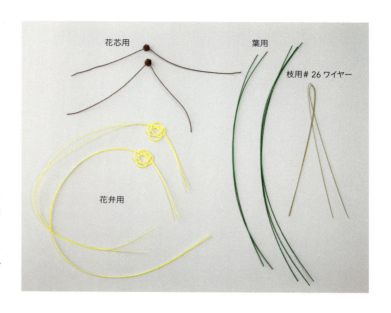

1　準備

各パーツを用意します。花弁用の水引は一方を8cmほど残して2本で菜の花結び（p.90）を作ります。花芯用の水引は丸結び（p.93）にし、余分な水引は切らずに残します。それぞれ2つ作ります。枝用の#26ワイヤーは中央で曲げておきます

花弁を作る

花弁用の水引の菜の花結びを2重にした後、半立体に形を整えます。余分な水引はカットします

葉を作る

葉用の水引の1/3あたりで、Bを上にして1つめの輪を作ります（短いほうがA）

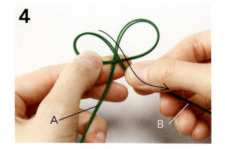

Bの水引で2つめの輪を反対側に作ります

交点をワイヤーで固定します

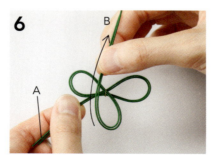

Bの水引を上にまわして3つめの輪を作ります

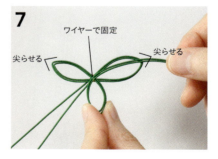

交点をワイヤーで固定し、葉先を尖らせます。3本の水引で同様にもう1つ作ります

花芯を作る
花芯用の丸結びに#26ワイヤーを通し、中央で固定。#26ワイヤーを根元でねじって丸結びを固定します

組み立てる
花弁用と花芯用の水引をボンドで固定します。同様にもう1つ作ります

9で作った花と7で作った葉とをワイヤーで固定します。同様にもう1つ作ります

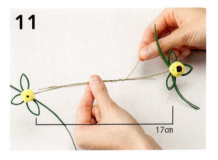

10で作った花が両端にくるように組み合わせ、お互いの#26ワイヤーを絡ませます

#26ワイヤーの上からフローラテープを巻きます。引っ張りながら巻くときれいに仕上がります

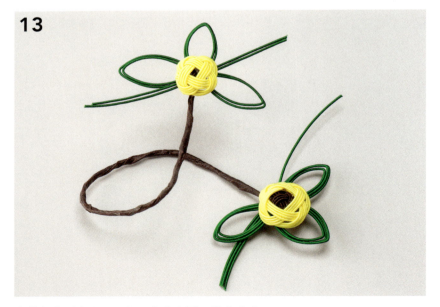

余分な水引をカットし、自由な形に整えます

Column
正しい熨斗の使い方が知りたい！
熨斗専門店に聞きました
協力＝上田屋のし店

今では印刷などの簡略化されたものが多い熨斗(のし)。もとは薄く延ばした鮑(あわび)などを紙で包んだものでした。では、どんなときに使うのでしょうか。お話を伺ったのは日本で唯一の熨斗専門店である「上田屋のし店」。店主の宮島源治さんいわく「熨斗は相手の健康と幸せを祈ってつけるもの」。本来は、お祝い事の際だけでなく、お見舞いの際にもつけるべきものであるとか。「お中元やお歳暮はお祝いではないけれど、熨斗をつけるでしょう？ 熨斗は私からあなたへ真心のこもった贈り物である、という印なのです」。また、デザインも昔は折り方に一部格付けがあったようですが、現代ではバランスを見て選べばよいそうです。「根拠があればその先も続いていく」と宮島さん。日頃のお礼や贈り物に上手に使いたいですね。

さまざまなタイプの熨斗。黒、黄、緑（オリーブ）色は不祝儀に使うことが多い色なので、普段使いは避けましょう

一般的なデザインの紅白熨斗。鮑などを模した熨斗を、紅白の紙を貼り合わせた紙で包み、帯で留めています

慶事、仏事、ご祝儀袋用といったさまざまな種類の熨斗を取り扱う上田屋のし店。圧巻の品揃えです

一部のサイズをのぞき、熨斗の加工は今も一つひとつ手作業で行われています

熨斗の包み紙を折るための型。大きさに決まりはなく、デザインごとに異なる型を作ります

検品を終えた熨斗は袋詰めされて出荷を待ちます。なんと1袋1000枚入り！

PART 2
ハレの日の水引アレンジ

鶴と亀や松竹梅、ダルマや鯛といったさまざまな縁起もの……。
花鳥風月を意識した、古来より日本人のもつ美意識は独特で奥深いものです。
お正月飾り、婚礼にも使える祝儀袋やほんの少しかしこまった贈り物など
PART2では、"ちょっと特別な日"に役立つ水引アレンジを紹介します。

鶴亀松竹梅のお飾り

"THE縁起物"を集めました。
お正月だけでなく、縁起の良いお飾りとして一年を通してお楽しみください

鶴を作る

材料			
頭用	20cm水引×1本	首用	#26白ワイヤー 4cm×1本
くちばし用	8cm水引×1本	背用	60cm水引×3本
首巻き用	90cm水引×1本	尾用	60cm水引×3本

1

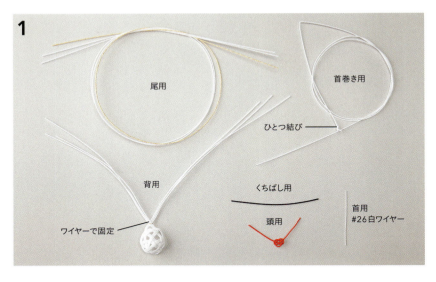

準備

各パーツを用意します。頭用の水引はあわじ結び(p.7)にします。背用の水引は3本で亀の子結び(p.94)にし、根元をワイヤーで固定しておきます。首巻き用の水引は一方の端部をひとつ結び(p.92)にします

2

尾を作る

p.64の**4～6**を参考に、尾用の水引で3つの輪を作ります

3

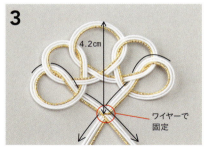

左右にもう1つずつ輪を作り、根元をワイヤーで固定します。ワイヤーの位置の目安は中央の輪の端から4.2cmです

4

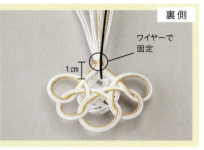

体を組み立てる

尾、背用のパーツとくちばし用の水引と#26白ワイヤーをワイヤーで固定します

くちばし用の水引と#26白ワイヤーは、1cmほど残してワイヤーで固定します

5

黒と白と金の水引をそれぞれ1本残して、残りの水引を#26白ワイヤーより短く段違いにカットします

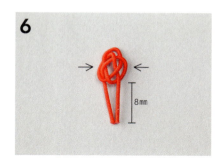

首〜頭部分を作る
頭用の水引はあわじ結びの両側をつぶすようにして形を整えます。8mm残して余分な水引はカットします

枝巻き(p.92)をします。首巻き用の水引のひとつ結びした側を8cmほどのところで二つ折りにしてU字にし、ワイヤーの位置から1.5cmはみ出す位置にセットします

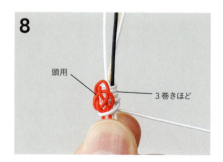

#26白ワイヤーの先端から、首巻き用の水引で巻き始めます。3巻きほどのところで、頭用の水引を狭み根元まで巻きます

根元まで巻き終えたら、首巻き用の水引のU字形部分に巻き終わりの水引を通します

首巻き用の水引のひとつ結びした側を引っ張ります。首の根元は指でしっかり押さえておきましょう

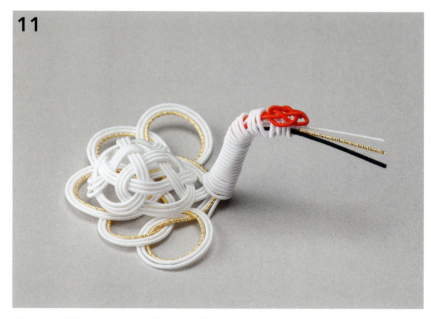

余分な水引をカットし、首の形を整えます

One point advice
5で背用と尾用の水引をカットすることで、首用のパーツを曲げたときに寸胴にならず、美しいシルエットに仕上がります

亀を作る

材料

頭用	30cm水引×2本	尾用	15cm水引×5本
体用	60cm水引×3本	尾用（飾り）	20cm水引×1本
体用（三つ編み）	30cm水引×3本		

1

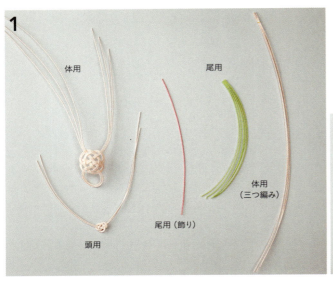

準備
各パーツを用意します。頭用の水引は2本であわじ結び（p.7）に、体用の水引は3本で亀の子結び（p.94）にします。亀の子結びは、下の輪を大きく結んでおきます。尾用の水引は5本が平らになるよう端部をワイヤーで固定します

2

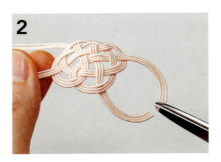

体用の亀の子結びの下の輪を中央部分でカットします

3

カットした部分を内側に折り込みワイヤーで固定します

4

余分な水引をカットし、写真のように内側に折り込んで○の位置を4カ所ワイヤーで固定します

5

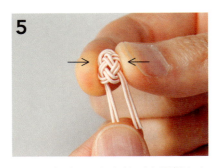

頭用の水引のあわじ結びを両側から指で挟み込むようにしてつぶします

6

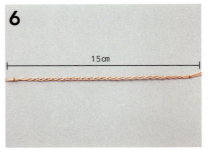

端部をワイヤーで固定し、体用（三つ編み）の水引で15cm三つ編み（p.51）をしたら、ワイヤーで固定します

7

体用の亀の子結びの外周と同じ大きさになるように輪を作り、交点をワイヤーで固定。余分をカットします

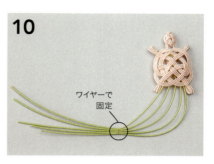

尾用の水引を体用のパーツの裏側にボンドで固定します

頭用のパーツを体用のパーツの裏側にワイヤーで固定します

尾用の水引を半月形になるよう1本ずつずらし、ワイヤーで束ねます

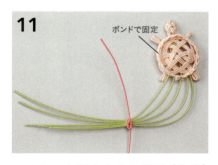

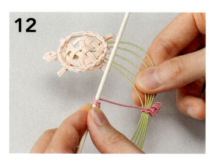

ワイヤーを隠すように尾用（飾り）の水引で結び切り（p.90）をします。**7**で作った輪を体用のパーツに重ね、ボンドで固定します

尾用（飾り）の水引を竹串などに巻きつけて丸めます

余分な水引をカットします

三つ編みの結び方

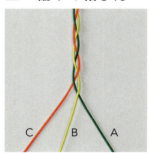
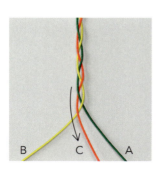
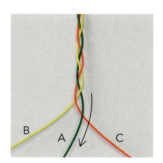
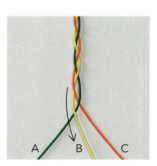

三つ編みをするとき水引はしごきません。
指定の本数の水引の端部を平らにワイヤーで束ね、クリップなどで水引をテーブルや台に固定します。
まず、BをAの上に重ねます。C→A→Bの順で必要な長さになるまで編み込みます

松を作る

材料
葉大用　90cm水引×1本（2セット）
葉小用　45cm水引×1本
芯用　　8cm水引×1本（3セット）
茎用　　#24ワイヤー
　　　　36cm×3本
厚紙　　3×8cm

1
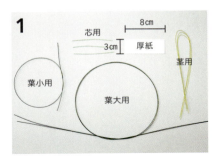

準備
各パーツを用意します

2

茎用の#24ワイヤーを中央で二つ折りにして先端をねじり、輪を作ります。そこへ二つ折りにした芯用の水引を写真のように通し、#24ワイヤーの輪をつぶして固定します

3

厚紙に葉用の水引をそれぞれ巻きつけ、形をつけます

4

3で形をつけた葉用の水引を#24ワイヤーの間に挟んで固定します。なるべく重ならないよう平らにします

5

#24ワイヤーをペンチで押しつぶします

6

挟んだ水引を押さえて#24ワイヤーを両手で両端の葉の部分を持ち、逆回転させるように水引をねじります

7

葉用の水引が放射状に広がるよう形を整えて、上に向けます

8

大は2つ、小は1つ作ります。#24ワイヤーを指定の長さにカットし、フローラテープを巻きます

9

8でできたパーツをバランスよく配置してフローラテープで束ねます

梅を作る

材料			
花弁大用	45cm水引×5本	つぼみ用	45cm水引×1本
花弁小用	45cm水引×4本	ガク用	45cm水引×2本
花芯用	3cm×7本（2セット）	枝用	11cm水引×4本
		枝巻き用	60cm水引×1本

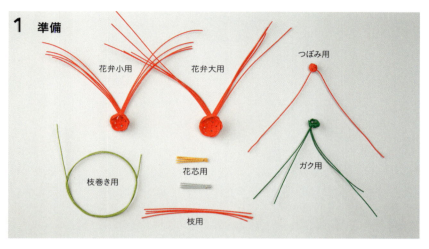

1 準備

各パーツを用意します。花弁用の水引は4本（小）と5本（大）で、ガク用は2本で半立体の梅結び（p.91）に、つぼみ用は丸結び（p.93）にし、余分な水引は切らずに残します。花芯用は根元をワイヤーで束ねます

2

花弁大用の梅結びの中央の穴に花芯用の水引を差し込み、裏側からボンドで固定します。花弁小用も同様に作ります

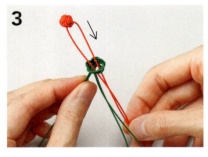

3

つぼみ用の水引をガク用の梅結びの中央の穴に差し込み、裏側からボンドで固定します

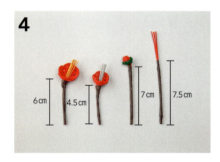

4

花弁用とつぼみ用と枝用のパーツにフローラテープを巻き、指定の長さにカットします

5

4でできたパーツをフローラテープで束ねます

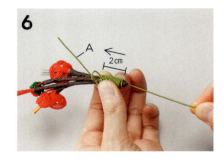

6

枝巻き用の水引で根元から枝巻き（p.92）をします。根元から2cmのところまで巻きます

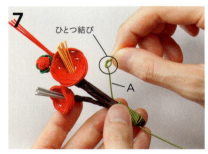

7

枝巻き用の水引の余った部分（A）をひとつ結び（p.92）にします

8

余分な水引をカットします

竹を作る

材料

葉大用	15cm水引×5本	枝用　#26ワイヤー　12cm×3本
葉小用	10cm水引×5本（2セット）	
枝巻き用	60cm水引×1本	

1
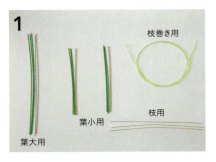

準備
各パーツを用意します

2

葉を作る
葉用の水引5本でしずく形の輪を作り、左側を上にして重ねワイヤーで固定します。葉の先端を尖らせるイメージで写真のようにカットします。大は1つ、小は2つ作ります

3
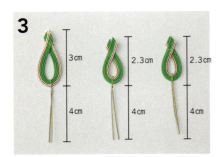

それぞれに#26ワイヤーを通し二つ折りにします。#26ワイヤーは根元から4cmのところでカットします

4

大を中央にして3本を並べ、フローラテープで束ねます

5

枝巻き用の水引で根元から枝巻き（p.92）をします。根元から3.5cmのところまで巻きます

6

葉の形を整え、余分な水引をカットします

水引リングを作る

材料

リング用	60cm水引×60本
はわせ用	60cm水引×3本
巻き用	90cm水引×2本
#24ワイヤー	適量

1
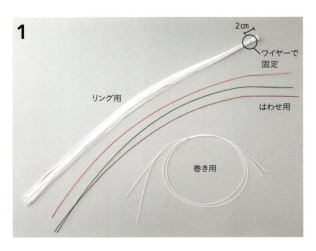

準備
各パーツを用意します。リング用の水引は端部から2cmのところをワイヤーで固定します

2 リング用に束ねた60本の水引を20本ずつに分けて、それぞれを右方向にねじります。テーブルの縁などにクリップで留めると作業しやすくなります

3 それぞれの端部をワイヤーで固定します

4 3つの束を常に右から左方向へと撚っていきます

5 必要な長さになるまで繰り返します

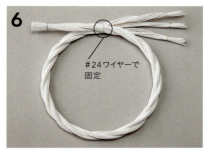

6 直径15cmほどの輪を作り、#24ワイヤーで交点を固定します

7 リングの筋に沿って、はわせ用の水引をはわせていきます

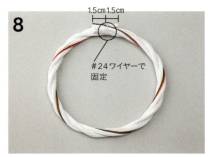

8 一周させたら#24ワイヤーで固定します。余った水引は両側をそれぞれ1.5cm残してカットします

9 リングの交点が隠れるように、巻き用の水引を2本一緒に枝巻き(p.92)をします

10 余分な水引をカットします

11 組み立てる
松・竹・梅のモチーフをリングの隙間に挟み込み、ボンドで固定します

12 鶴・亀のモチーフをボンドで固定します

縁起もの16選

一つひとつにいわれがあり、願いや祈りが込められた縁起物。
そんな縁起物モチーフに想いを託して結びましょう

松

材料
60cm水引×3本

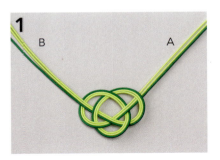

1. あわじ結び（p.7）を作ります

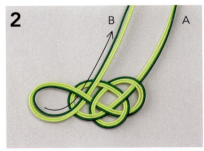

2. Bで左側に輪を作り、写真のように挟み込みます

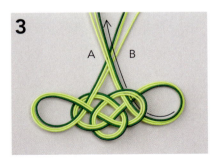

3. Aも同様に右側で輪を作り、挟み込みます。水引の交差部分はAを上にして重ねます

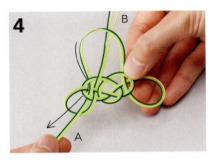

4. Aをあわじ結びの下から水引を差し入れて、上、下、上の順で通していきます

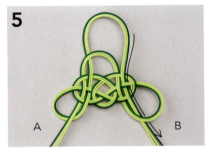

5. Bも同様に、あわじ結びの上から水引を差し入れて、下、上、下の順に通します

6. 形を整えます。残りの水引を2mmずつずらしてカットします

抱きあわじ結び

5本ずつの30cm水引で
抱きあわじ結び（p.93）にしています

梅結び

小は3本の45cm水引で、
大は5本の45cm水引で
梅結び（p.91）にしています

あわじ結び

3本の30cm水引で
あわじ結び（p.7）にしています

五色玉

45cm水引で
丸結び（p.93）にしています

梅扇

材料
花弁用	60cm水引×3本
花芯用	3cm水引×3本
扇用	20cm水引×2本

1

準備
各パーツを用意します

2
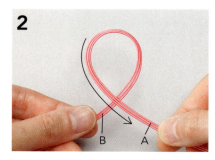
花弁を作る
B側を10cmほど残し、Aを上に重ねて輪を作ります

3
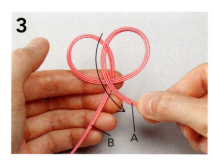
1つめの輪の上にAを重ねて、2つめの輪を作ります

4
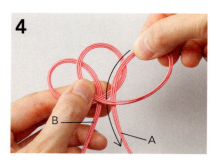
Aの水引で3つめの輪を作り、2つめの輪に重ねます

5
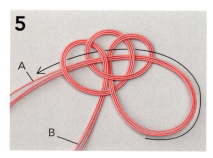
Aの水引を3つの輪に上、下、上、下、上、下の順で通します

6
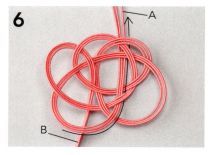
Aの水引をBの水引の上を通し、写真のように上、下、上、下の順で通します

7

内側をくぼませながら、最初に作った輪から形を小さく整えます

8
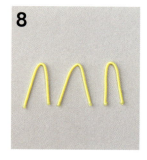
花芯を作る
花芯用の水引をそれぞれ二つ折りにし、端部をワイヤーで束ねます

9
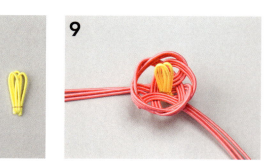
7と**8**をボンドで固定します

10

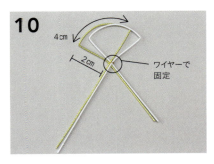

扇を作る
扇月の水引で扇形を作ります。扇形の根元はワイヤーで固定し、2枚をずらします

11

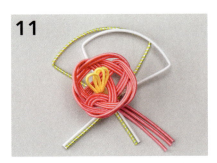

9と10をボンドで固定します。余分な水引をカットします

One point advice
花用と扇用の水引は、ボンドだけでなくワイヤーでも固定すると取れにくくなりおすすめです

鯛

材料	
体用	60cm×4本
ヒレ用	4cm水引×5本
尾の飾り用	20cm水引×1本

準備
各パーツを用意します。体用の水引は4本で亀の子結び（p.94）に、尾の飾り用の水引は<u>あわじ結び</u>（p.7）にします。ヒレ用の水引は端部をワイヤーで束ねておきます

1

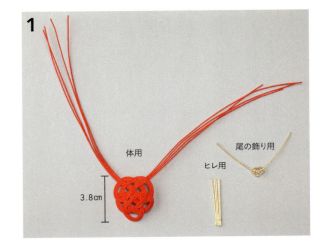

2

体用の亀の子結びを中央で半分に折り曲げるように形を整えます

3

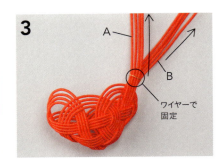

AとBの水引をずらし、亀の子結びの根元をワイヤーで固定します

4

尾の飾り用とヒレ用の水引を3にボンドで固定し、余分な水引をカットします

鶴

材料			
体用	45cm水引×3本	首用	#26白ワイヤー 3.5cm×1本
頭用	3cm水引×1本	くちばし用	8cm水引×1本
首巻き用	60cm水引×1本	飾り用	15cm水引×1本

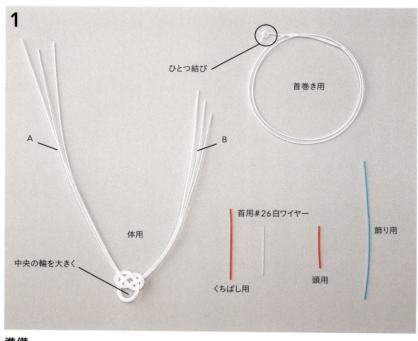

準備
各パーツを用意します。体用の水引は中央であわじ結び(p.7)にします。あわじ結びは中央の輪を大きく作ります。首巻き用の水引の片側に、目印用のひとつ結び(p.92)をします

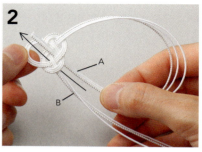

Aをあわじ結びの中央の穴の下から上に引き出します

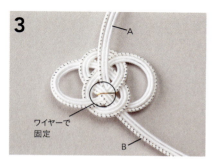

Aで作った輪をあわじ結びの中央の輪とほぼ同じ大きさにしてワイヤーで固定します

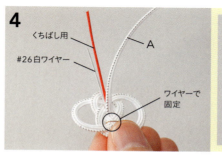

首用の#26白ワイヤーとくちばし用の水引を表側から裏側へ通し、ワイヤーで固定します

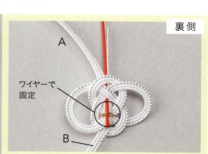

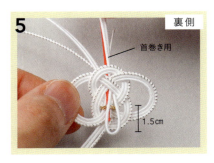

枝巻き（p.92）をします。首巻き用の水引のひとつ結びした側を8cmほどのところで二つ折りにしてU字にし、表側から裏側へ通します。ワイヤーの位置から1.5cmはみ出す位置にセットします

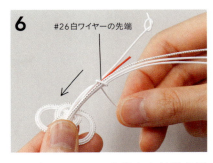

#26白ワイヤーの先端から首巻き用の水引を巻き始めます

頭用水引を二つ折りにして3巻きほどのところで挟み込みます

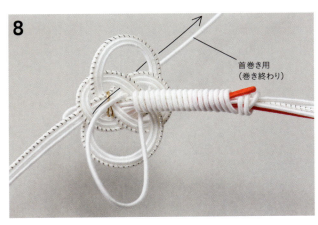

根元まで巻き終えたら、首巻き用の巻き終わりの水引を表側から裏側に通します

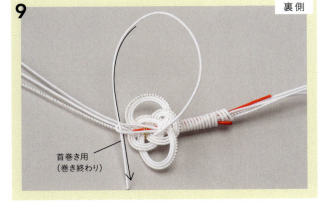

5のU字の部分に、8の巻き終わりの水引を通します

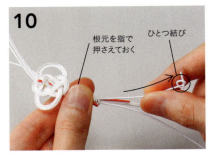

巻き終わりの水引の根元を指で押さえながら、首巻き用の水引のひとつ結びをしてある側を引っ張ります

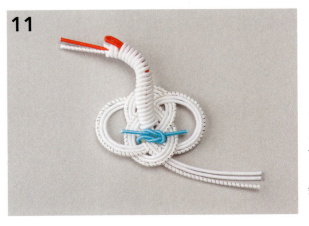

ワイヤー部分を隠すように飾り用の水引で結び切り（p.90）をし、形を整えます。余分な水引をカットします

クローバー

材料
45cm水引×3本

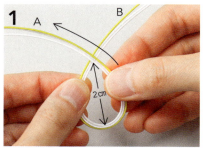

1 Aの水引が上になるようBの水引と交差させます。仕上がりの大きさは最初の輪のサイズでほぼ決まります

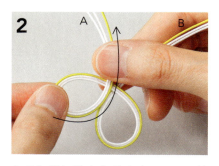

2 Aで左側に輪を作ります。2つの輪は重ねずに並べて揃えます

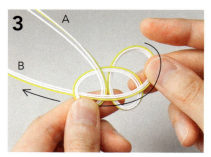

3 Bの水引を左側の輪に上から下へと通します

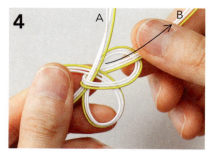

4 Bの水引を折り曲げ、右側の輪の裏側から表側へと通します

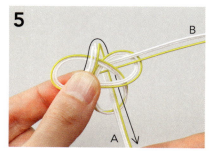

5 Aの水引を裏側に折り曲げ、中央の輪の表側へと通します

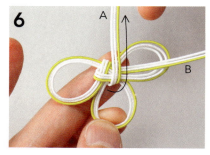

6 Aの水引を上側へともっていきます

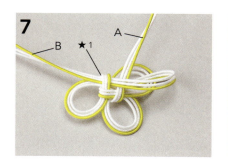

7 Bの水引を★1部分に通します

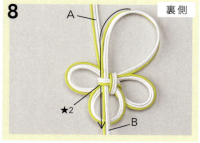

8 Aの水引を★2部分に通し、4つめの輪を作ります

9 余分な水引をカットします

One point advice
Aの水引を少し長めに残しておけば、違った雰囲気が楽しめます

大黒さま

材料			
顔用	45cm水引×3本	ヒゲ用	5cm水引×1本
目用	3mm水引×2本	顎ヒゲ用	4cm水引×1本
口用	5cm水引×1本	帽子用	30cm水引×3本
		帽子の飾り用	15cm水引×1本

1

準備
各パーツを用意します。顔用と帽子用の水引はそれぞれ3本であわじ結び(p.7)に、口用の水引はひとつ結び(p.92)にします

2

顔を作る
顔用のあわじ結びを少し楕円形に整え、Aの水引をBの水引の上に重ねます

3

顔用のあわじ結びの上に、もう1つあわじ結びを作ります。まず、Bの水引の上にAの水引で輪を作ります

4

Bの水引をAの水引の上を通して下、上、下、上の順に通します

5
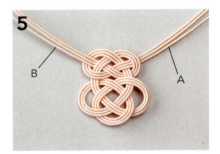

最初に作ったあわじ結びよりも小さく形を整えます

6

Aの水引の一番上側の水引を1本残し、2本を最初に作ったあわじ結びの右側の輪に上から下へ通します

7

同様にBの一番上側の水引を残し、最初に作ったあわじ結びの左側の輪に上から下へ通します。AとBの水引は裏側でワイヤーで固定します

8
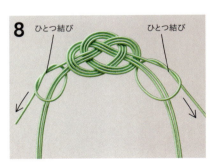

帽子を作る
帽子用のあわじ結びの一番外側の水引を使って、写真のように両端をひとつ結び(p.92)にします。余分な水引はカットします

9

組み立て
帽子の飾り用の水引をp.64の2〜3を参考に8の字に結びます。バランスを見ながら各パーツ用の水引をボンドで固定します。余分な水引をカットします

 富士山

材料
富士山用　45㎝水引×3本
雲用　　　15㎝水引×2本

1 準備

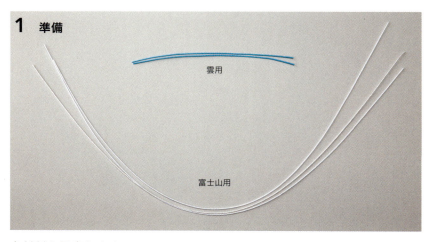

各材料を用意します

2

雲を作る
Bの水引をAの水引の上にして輪を作ります

3

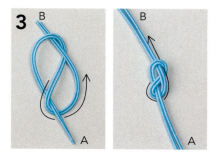

Bの水引を＆を書くようにAの下、上、下と通し、小さく形を整えます

4

富士山を作る
Aの水引をBの水引の上に重ねて輪を作ります

5

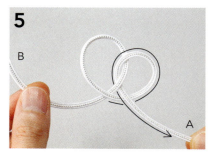

Aの水引を最初に作った輪に上、下と通し、2つめの輪の上に出します

6

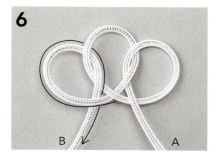

Bの水引を最初に作った輪に下、上と通し、3つめの輪の下に出します

7

左右の輪が小さくなるよう形を整えます

8

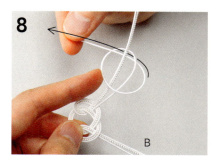

Aの一番内側の水引を使って写真のようにひとつ結び (p.92) をします

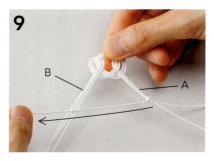
9
Aの真ん中の水引を写真のようにB側に折り曲げます

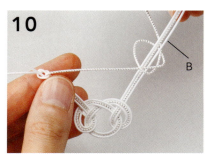
10
Bの水引を束ねるように、Aの真ん中の水引でひとつ結びをします

11
雲パーツは、ひっくり返して使います。余分な水引をカットします

ダルマ

材料

体用	45cm水引×5本
顔用	30cm水引×4本
ヒゲ用	8cm水引×1本
眉毛用	1cm水引×2本
目用	5cm水引×2本
口用	1cm水引×1本
体の飾り用	0.5〜1cm水引×3本

各パーツを用意します。体用は5本の水引で菜の花結び(p.90)に、顔用は4本の水引であわじ結び(p.7)にします。目用の水引はひとつ結び(p.92)にし、2つ作ります

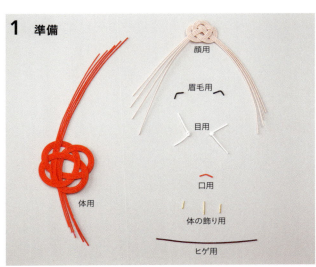
1 準備

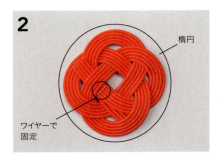
2
体を作る
体用の菜の花結びを楕円形に整え、ワイヤーで端部を固定します

3
顔を作る
顔用のあわじ結びにヒゲ用の水引を写真のように通します。余分な水引をカットし、**2**のパーツにボンドで固定します

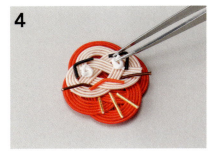
4
組み立て
ピンセットを使い、余分な水引をカットした各パーツをバランスよく配置します

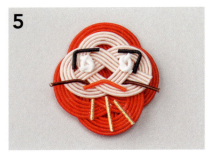
5
各パーツをボンドで固定します

水引熨斗(のし)

材料
30cm水引×3本

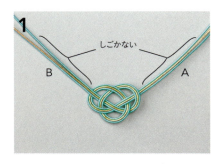

1 水引の中央部分だけをしごき、3本の水引であわじ結び(p.7)を作ります

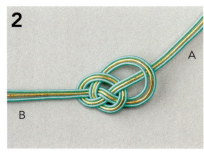

2 左側の輪が小さくなるようにAの水引を引っ張って形を整えます

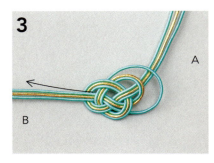

3 Bの水引を内側から順に引っ張り、右側の輪の水引をずらします

4 Aの水引を短く、Bの水引をやや長く残し、余分な水引をカットします

リボン

材料
30cm水引×3本
15cm水引×1本

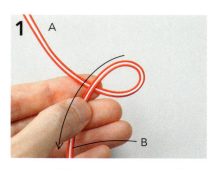

1 30cm水引を使います。Bの水引をAの水引の上にして輪を作ります

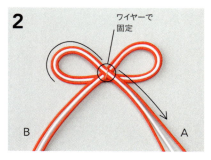

2 Aの水引をBの水引の上に重ねて、**1**と同じ大きさの輪を作ります。交差部をワイヤーで固定します

3 ワイヤーを隠すように15cm水引で結び切り(p.90)をします。余分な水引をカットします

飾り

材料
リング用　　20cm水引×6本（赤・白それぞれ3本ずつ）
飾り用　　　20cm水引×2本
御幣用　　　白い紙　2.3×4cm

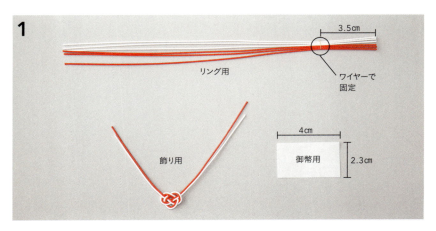

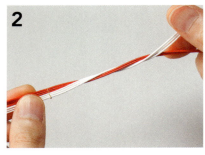

準備
各パーツを用意します。飾り用の水引は2本であわじ結び（p.7）にします。
リング用の水引は端から3.5cmのところをワイヤーで束ねます

リングを作る
リング用の水引の赤と白の部分をひねります

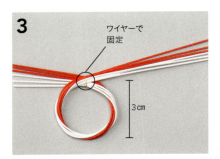

直径3cmのリング状にし、**1**と同じ位置をワイヤーで固定します

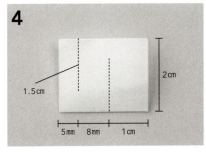

御幣を作る
御幣用の紙の長辺を山折りにします

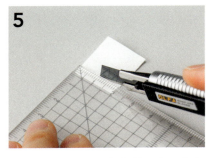

4のカットラインを参考にカットします。三角定規があると直角が出しやすく、作業しやすくなります

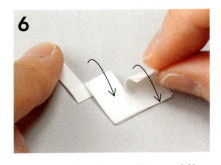

5で入れた切り込みに沿って手前に折り曲げます

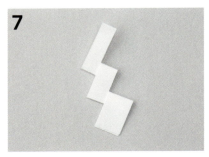

御幣は下に向かって幅広のデザインにするとリズムが生まれます

組み立て
御幣、リング、飾り用のあわじ結びをボンドで固定します。余分な水引をカットします

鶴のリングピロー

夫婦鶴といわれるように、
"仲良きこと"の象徴とされる鶴。
二人の幸せを誓ってリングピローを結びましょう

材料

頭用	20cm水引×2本
背用	90cm水引×5本
尾用（白・黒）	90cm水引×5本
尾用（赤）	45cm水引×5本
首巻き用	90cm水引×1本
首用	#26白ワイヤー 7.7cm×1本
羽用	15cm水引×5本（2セット）
房	10cmくらいのもの1つ

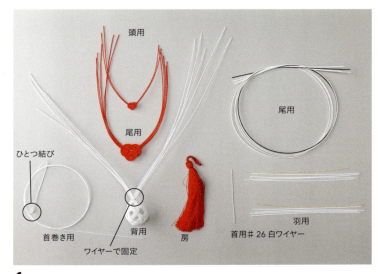

1 準備

各パーツを用意します。頭用は2本の水引で、尾用（赤）は5本の水引で、あわじ結び（p.7）を、背用は5本の水引で立体的な亀の子結び（p.94）にし、根元をワイヤーで固定します。首巻き用の水引は先端の一方をひとつ結び（p.92）にします

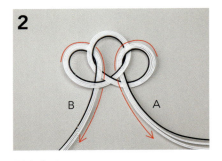

2 尾を作る

中央の輪に黒を内側にしてAとBの水引を写真のようにくぐらせ、p.64の4〜6を参考に、輪を3つ作ります

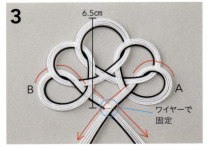

3

左右にもう1つずつ輪を作り、形を整え根元をワイヤーで固定します。ワイヤーで固定する位置の目安は、中央の輪の端から6.5cmです

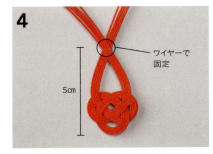

4

尾用（赤）の水引の下端から5cmのところで水引を交差させ、ワイヤーで固定します

5 背を作る

3・4で作った尾用の水引と背用の水引の左側の水引をカットします

6

尾用と背用の水引、首用の#26白ワイヤーをワイヤーで束ねます

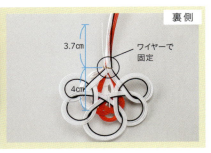

首用の#26白ワイヤーは水引の交点から4cmほど伸ばしておきます

7
尾用と背用の水引のうち、赤1本、黒1本、白2本を残して、段々にカットします

8
枝巻き（p.92）をします。首巻き用の水引のひとつ結びした側を8cmほどのところで二つ折りにしてU字にし、ワイヤーの位置から1.5cmはみ出す位置にセットします

9
首用の#26白ワイヤーの先端から、首の根元まで巻きます

10
頭用の水引を首の先端にボンドで固定します。房は尾用（赤）の水引の中央の輪から写真のように内側へ差し入れ、ボンドで固定します

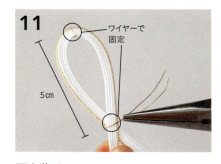

11
羽を作る
羽用水引の中央をワイヤーで固定します。しずく形を作り5cmのところをワイヤーで固定します

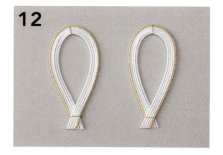

12
余分な水引をカットします。2つ作ります

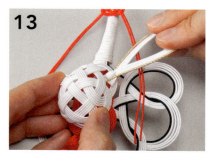

13
両側の羽の付け根にボンドをつけて、背用の水引に固定します

14
頭とくちばし部分の余分な水引をカットし、形を整えます

Column

水引はどうやって作られているの？
水引製造現場に行ってきました

協力＝野々村水引店

水引は、機械で紙縒りにフィルムや糸を巻いたり、着色したりして色や質感を表現しています。今回伺ったのは、長野県飯田市の野々村水引店。「先代から受け継いだ技術と伝統を活かして、いいものを作りたい」と話す店主の野々村義之さんは、ほとんどが機械化された水引の製造現場において、日本で唯一手扱き・手染めで水引を作り続けている水引職人です。手作業で作られた水引はつやも質感もまったく異なり美しいもの。今回は、機械で作る一般的な水引だけでなく、手扱きで作る水引の製造過程も見学させていただきました。

1ロール120cm×12,500mの紙を加工用に1ロール700mに巻き直すところから水引の製造はスタートします

紙をテープ状にカットした後、撚りを入れて水引の芯となる紙糸を作ります

着色したり、フィルムを巻いたりして異なる色・質感を出す水引。写真は水引に巻くために、フィルムを加工しているところです

野々村水引店では一部の水引を伝統的な手法を守り、手扱き・手染めで作っています

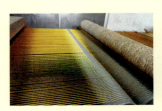

水引に巻いたフィルムは専用の機械を使ってのりで定着させ、ガスで乾かしながら、まっすぐにのばします

完成した水引は3尺（約91cm）にカット。今でも尺や匁（もんめ）の単位で呼ばれています

ツノマタという海藻とクレイ粉を混ぜて、18mに張った125本の紙縒りに引っ張りながら塗りつけます。このことを「扱く」といいます

完成！

完成した手扱き・手染めの水引。ふっくらとした質感です

縁起物吊るし飾り

縁起物16選から好みのモチーフを
組み合わせて作ります。
文字札を入れるとさらにおめでたい印象に

材料
竹ひご　60cm
お好みのマスキングテープ
お好みのモチーフ
お好みのひも

1　準備
お好みのモチーフを用意します。ここでは、
梅結び(p.91)、丸結び(p.93)、鯛(p.59)、
鶴(p.60)、ダルマ(p.65)、飾り(p.67)
などを使っています

2

竹ひごにお好みのマスキングテープを巻きつけます

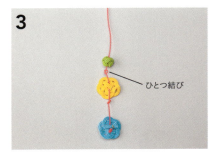

3

ひもにひとつ結び（p.92）で結び目を作り、モチーフを引っかけます

ひとつ結び

4

竹ひごの先端につける梅結びのモチーフをボンドで固定し、**3**でできた各モチーフをひとつ結びで竹ひごに固定します。位置を決めたらボンドで固定します

松の箸置き＆箸袋

箸を松枝に見立てた、縁起よくユーモラスな箸置き。
ハレの日の食卓がより華やかに

材料（1組分）
箸置き用　60cm水引×5本
箸袋用　　30cm水引×1本
包み紙　　26×13cm
中紙　　　26×4.3cm

1 準備
各材料を用意します

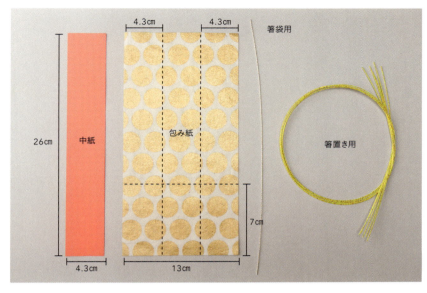

2

箸置きを作る
箸置き用の水引5本で松（p.57）を作ります。端はカットします

3

半立体になるよう**2**で作った松の形を整えます

4

箸袋を作る
包み紙に折り線を入れます

5

包み紙の上部を内側に三角形に折ります

6

中紙を内側に挟み、右側が上に重なるように、左側から折ります

7

下部を7cmのところで後ろ側に折り上げます

8

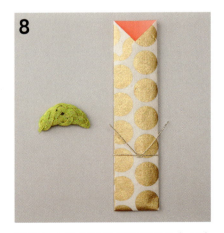

帯用の水引を表側で結び切り（p.90）をします

2トーンの祝儀袋

何枚もの衣が重ねられ
四季折々の自然が映し出された十二単。
そんな襲（かさね）の色目・配色で祝儀袋を作りました

材料

花大用	45cm 水引×3本
花小用	45cm 水引×3本
輪用	30cm 水引×3本
帯用	30cm 水引×3本
熨斗用	20cm 水引×2本
金シール	1.5×1.5cm
包み紙	38×24.5cm
	19×24.5cm
端紙	25×2cm

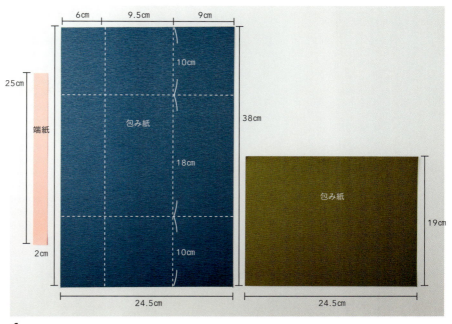

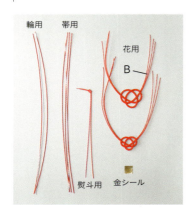

1 準備

各パーツを用意します。花用の水引は3本で大小の<u>あわじ結び</u>（p.7）にします。熨斗用の水引は2本で<u>ひとつ結び</u>（p.92）にします

2 包み紙を作る
大小の包み紙を貼り合わせます

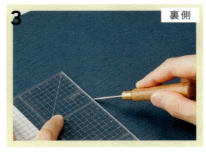

3 包み紙に目打ちを使って折り線を入れます

4 折り線に沿って長辺を右側が上になるように折ります。端紙が包み紙の表から見える位置に自由に配置し、端紙の表側にのりをつけます

5 端紙を包み側の向かって右側の裏面に貼りつけます

6 包み紙の上側を下に、下側を上にして短辺を折ります

7 包み紙は完成です

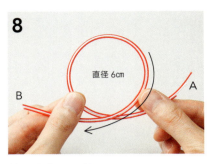

飾りを作る：輪
輪用の水引で、Bが上になるよう重ね、直径6cmの正円を作ります

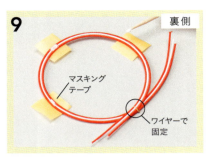

水引の交点をワイヤーで固定します。裏側3カ所を3本の水引がずれないようにマスキングテープで仮留めした後、ボンドで固定します

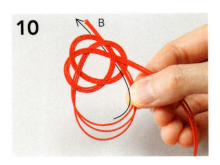

飾りを作る：花
花用に作ったあわじ結びのBの水引を写真のように上、下と通します

表側から見えないように、水引の交点を裏側からワイヤーで固定します

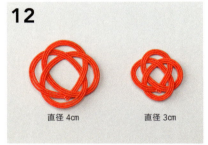

大は直径4cmほど、小は直径3cmほどの大きさで2つ作ります。余分な水引はカットします

12のパーツを左右対称になるように重ね合わせ、ボンドで固定します

飾りを作る：帯
透明テープを用意し粘着面を上にして両端を固定します。透明テープの上に帯用の水引を隙間なく並べ、両端をマスキングテープで固定。水引の表面にボンドを塗り、よく乾いたら透明テープから剥がします

飾りを組み立てる
8〜9で作った輪の余分な水引をカットし、**13**のパーツを輪に重ねボンドで固定します。さらにワイヤーで固定すると補強になります

帯と輪、花を表側から見えない位置にワイヤーで固定して飾りは完成です

包み紙と飾りを組み立てる
飾りが包み紙の中央にくるように配置して、帯を引っ張りながら裏側に折り曲げます

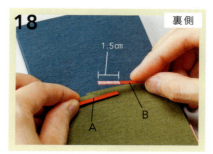

帯は中央部分で1.5cmほど重なるようにカットします。包み紙を裏返したときに、右側にくるBの帯の先端に両面テープを巻きつけ、Bが上になるよう重ねます

重なった部分にさらに両面テープを巻き、両面テープが隠れるように金シールを巻きます

熨斗用の水引をボンドで固定します。熨斗用の水引の下端は帯の下を通します

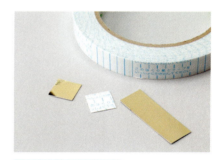

One point advice
金シールは市販の金の折り紙を両面テープに貼りつけて作ることができます

端紙の由来

かつて、婚礼や結納のときには紅白の和紙でご進物を包んでいたといいます。2枚を重ねて折ると、端に内側の紙の色が線のように見えてきますね。このことを簡略化したものが端紙といわれています。また、古来より日本には「襲の文化」があり、色の重なりを季節や行事に合わせて楽しむ習慣がありました。諸説ありますが、端紙には「重ね重ね」という意味合いも込められており、重ねることでより丁寧な気持ちを表現しています。端紙の扱い方でぽち袋や祝儀袋の雰囲気も変わるので、いろいろ試してみてください。

紅白花のリングピロー

二輪の花をつなげて使えば婚礼用に。
一輪ずつにすれば、
普段使いのリングピローとしても活躍します

材料

[白い花]
花弁大用　90cm水引×5本
花弁小用　90cm水引×5本
花芯用　　6cm水引×30本
ガク大用　60cm水引×5本

[赤い花]
花弁大用　90cm水引×5本
花弁小用　90cm水引×5本
花芯用　　5cm水引×30本
ガク小用　60cm水引×5本
飾り用　　45cm水引×1本
　　　　　（5セット）

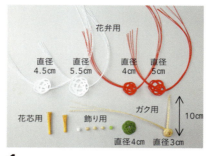

1　準備

p.58の**2〜7**を参考に花弁用の水引各5本で大小の花弁を作ります。ガク用は大小ともに5本の水引で、小は端から10cmほどのところで梅結び（p.91）を半立体に作ります。飾り用の水引で丸結び（p.93）を5つ作ります。花芯用の水引はそれぞれ端部を束ねてワイヤーで固定します

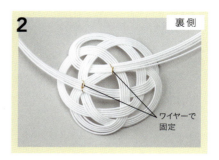

花弁をつくる

花弁用の水引はそれぞれ写真のように、表側から見えない位置で裏側からワイヤーで2カ所固定します

3

2で作った花弁用の余分な水引をカットし形を整え、大小を重ね合わせます。花弁の重なる部分はボンドで固定。中央の穴は広げておきます。赤も同様に花弁を作ります

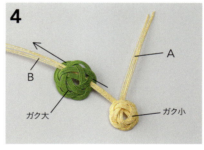

組み立てる

ガク小をガク大に写真のように差し込みます

花芯用の水引の底の部分をボンドで固定しておきます。赤白ともに、花の中央の穴に花芯を差し込み、そのままガクの中央の穴に通します。ガク小のAの部分はカットします

6

赤白の花をそれぞれガクと組み合わせたら、ガクの裏側からたっぷりのボンドで固定します

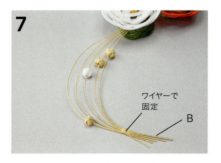

7

ガク小のBの水引を1本ずつよくしごきます。丸結びを通したら、三日月状に整え、ボンドで固定します。Bの一番内側の水引の先端から5cmの部分をワイヤーで固定します

8

最後の残り1個の丸結びをワイヤーの上にボンドで固定します。花芯の余分な水引をカットします

鶴の箸置き＆餅飾り

可愛らしい箸置きは家族分を色違いで作るのもおすすめ。
アレンジを加えれば、餅飾りにもなります

材料（箸置き1個分）	
羽用	45cm水引×3本
背用	30cm水引×2本
くちばし用	8cm水引×1本
頭用	3cm水引×1本
首巻き用	90cm水引×1本
首用	＃26白ワイヤー 4cm×1本

1　準備

各パーツを用意します。背用は2本の水引であわじ結び（p.7）にします。首巻き用の水引は目印用に一方の端部をひとつ結び（p.92）にします

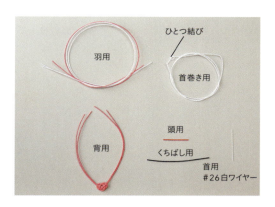

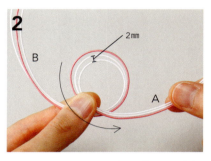

2　Aが上になるように輪を作り、内側から1本ずつ引っ張り2mm間隔でずらします

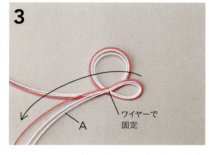

3　Aで2つめの輪を作り、水引の交点をワイヤーで固定します

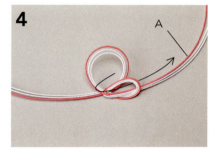

4　Aを折り返して3で作った輪に通します

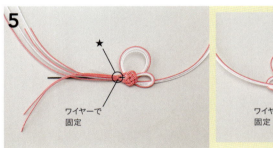

5　背用の水引とくちばし用の水引と首用の＃26白ワイヤーと羽用の水引を★の位置でワイヤーで固定します

6　羽用と背用の水引をそれぞれ1本ずつ残し、残りを段々にカットします

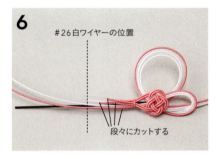

7　＃26白ワイヤーの先端から首を枝巻き（p.92）をします。3巻きほどのところで、頭用の水引を二つ折りにして挟み込みます

8　余分な水引をカットし、首の形を整えます

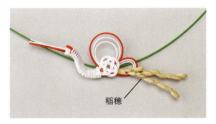

One point advice

尾の部分をカットし、稲穂（適量）を差し込みボンドで固定。裏側に帯用水引（適宜）をワイヤーで固定すれば、屠蘇器やボトルの飾りとしても使えます

あわじ結びのぽち袋

水引アレンジの基本となる"あわじ結び"。
あわじ結びだけでもこんなにたくさんの表情が出せます

包み紙の大きさと折り方は共通です。飾りはすべて、裏側で結び切り（p.90）で固定しています。
それぞれ飾りと熨斗(のし)の作り方を紹介しています

材料
飾り用　45cm水引×3本
熨斗用　20cm水引×1本

飾り：3本であわじ結び（p.7）を作り、内側の水引2本をカットします。外側の水引1本を帯用にします
熨斗：20cm水引を中央で二つ折りにし、ひとつ結び（p.92）をします。余分な水引をカットします

材料
飾り用　45cm水引×2本
熨斗用　20cm水引×1本

飾り：左右非対称のあわじ結び（p.7）を作ります
熨斗：あわじ結びを作ります。余分な水引をカットします

材料
飾り用　45cm水引×1本
熨斗用　20cm水引×2本

飾り：あわじ結び（p.7）を作ります
熨斗：抱きあわじ結び（p.93）を作ります。余分な水引をカットします

材料
飾り用　45cm水引×6本
熨斗用　20cm水引×1本

飾り：抱きあわじ結び（p.93）を作ります。上に向けて余分な水引をカットします
熨斗：あわじ結び（p.7）を作ります。余分な水引をカットします

包み紙

材料（1袋分）
包み紙　24×15cm
端紙　15×2cm

折り方は、
p.77の**3～7**を参照

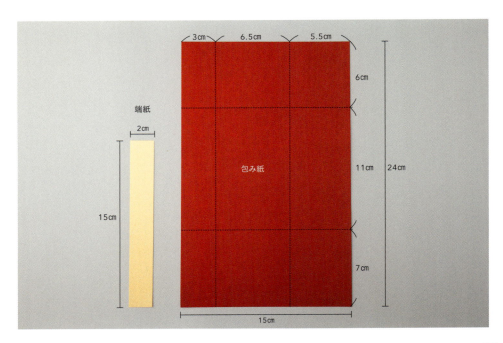

めでた置き飾り

縁起のいいモチーフを組み合わせて
華やかでインパクトのある
置き飾りを作りました

材料　梅パーツ

花弁大用	45cm水引×5本
花弁小用	45cm水引×4本
花芯用	3cm×7本（2セット）
つぼみ用	45cm水引×1本
つぼみ用（ガク）	30cm水引×2本
枝巻き用	60cm水引×1本

材料　鶴パーツ（p.60）

体用	45cm水引×3本
頭用	3cm水引×1本
首巻き用	60cm水引×1本
首用	#26白ワイヤー 3.5cm×1本
くちばし用	8cm水引×1本
飾り用	15cm水引×1本

抱きあわじ結びパーツ（p.93）

30cm水引×10本

扇パーツ

ベースの紙	6×30cm
あわせの紙	6×15cm
フィルム紙	10×1.7cm（2枚）

わら束　　直径3.2cm×高さ5cm
#24ワイヤー　適量

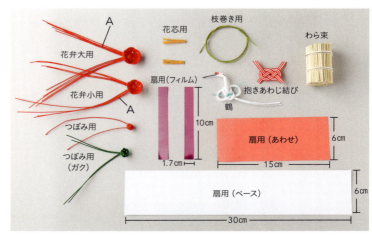

1　準備
各パーツを用意します。花弁用は4本と5本、つぼみ用（ガク）は2本の水引で梅結び（p.91）を半立体に作ります。花芯用の水引は端部をワイヤーで固定します。つぼみ用の水引は丸結び（p.93）にし、余分な水引は切らずに残します。鶴（p.60）、抱きあわじ結び（p.93）のパーツを作ります

梅を作る
花芯用の水引を花弁用の水引の中央に差し込み裏側からボンドで固定し、Aの水引を残して、フローラテープで巻きます

残したAの水引の端の1本をひとつ結び（p.92）して残りの水引を束ねます。同様にもう1つ梅の花を作ります

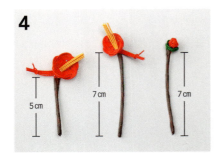

梅のつぼみはp.53の**3**の要領で作ります。フローラテープを巻きそれぞれ5cm、7cmの長さにカットします

4をフローラテープで1束にまとめます

枝巻き用の水引で根元から2cm枝巻き（p.92）をします

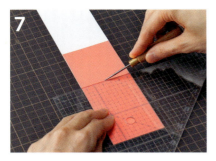
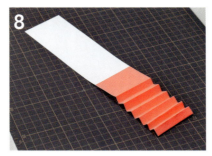

扇を作る
ベースの紙の上にあわせの紙をのりで貼り合わせ、目打ちを使って1cm間隔に折り線を入れます

山、谷、山、谷の順で折ります

端から5mmの位置に目打ちを使って#24ワイヤーを通すための穴を開けます

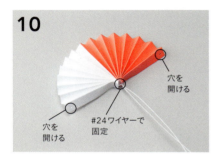

9で開けた穴に#24ワイヤーを通して根元をねじり、固定します。ワイヤーは切らずに残しておきます。扇の両端から5mmの位置に目打ちで穴を開けます

飾り用のフィルム紙を二つ折りにして少し開きます。目打ちで穴を開け、ワイヤーを通します

フィルム紙を扇の両端に取りつけます。ワイヤーの端部は、裏側で広げておきます

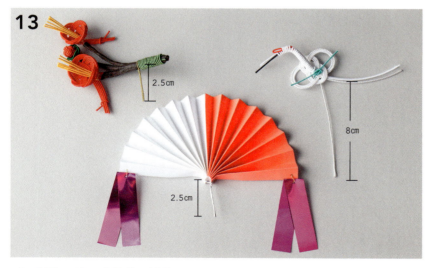

ピック用ワイヤーを取りつける
梅パーツは枝巻きの巻き終わりの位置に#24ワイヤーを数回ねじって固定します。鶴パーツは結び切りの裏側に通してボンドで固定し、それぞれピック状にします。#24ワイヤーを残す長さは、梅パーツ2.5cm、鶴パーツ8cm、扇パーツ2.5cmです

扇、梅、鶴の各パーツをわら束に差し根元をボンドで固定します。梅に抱きあわじパーツをボンドで固定します

本書に出てきた
基本の結び

あわじ結び（p.7）以外にも、覚えておけばアレンジの幅がぐっと広がる基本の結びがたくさんあります。
ここでは、本書で使う基本の結びを紹介します

蝶結び
花結びとも呼ばれ、日常生活でもよく使われる結び方です。結び目を押さえながら結ぶのがコツです

1 白を上にして重ねます

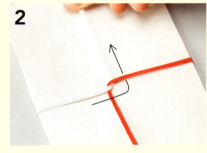

2 白を赤の下から上へ通します

3 右手人差し指を赤にかけ、1つめの輪を作ります

4 白を赤の手前へまわします。赤の輪の後から白を輪に通し、2つめの輪を作ります

5 赤の輪と白の輪を根元から引っ張り形を整えます

6 余分な水引をカットします

結び切り

水引を手軽に結びとめるときや、箱や袋にかけた帯状の水引を固定するときに使います

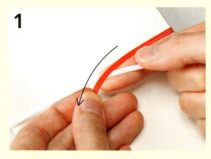

1 赤を上にして重ねます

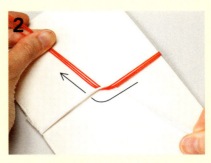

2 赤を白の下から上へまわします

3 白を赤の手前に重ねます

4 白を赤の下、上の順で通します。赤と白の水引を左右に引っ張り形を整えます。余分な水引をカットします

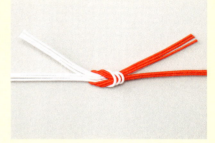

One point advice
慶事の場合は、上向きに水引の形を整えます

菜の花結び

菜の花に見立てた結びです。結び終わりの水引を内側に沿わせて2周にしても美しいです

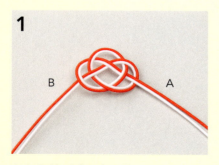

1 あわじ結び（p.7）を作ります

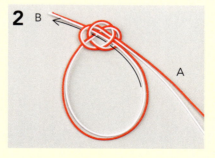

2 BをAの内側に沿わせるように通します

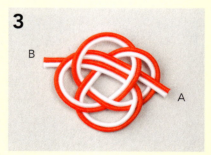

3 形を整え余分な水引をカットします。本書では水引をカットしないで使うこともあります

梅結び

梅の可憐な花に見立てた丸い形が可愛らしい結びです。あわじ結びをマスターすれば簡単に結べます

1 あわじ結び(p.7)を作ります

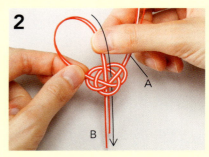

2 Bをあわじ結びの中央部分の穴にまっすぐに通します

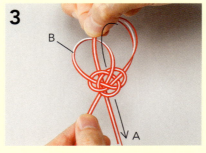

3 Aを**2**で作った輪の上から裏側へと通します

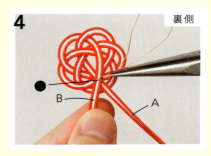

4 AとBの水引は裏側で●の位置に合わせ、ワイヤーで固定します

5 ワイヤーは表側から見えない位置で固定します

6 余分な水引をカットします。本書では水引をカットしないで使うこともあります

One point advice

花弁5枚が同じ大きさになるように調整すると仕上がりがきれいです。半立体の梅結びにしたいときは、あわじ結びの段階から少しずつくぼませながら結びます

ひとつ結び

水引を束ねたり結び目を作ったりするときに使います。簡易な熨斗を作りたいときにも使います

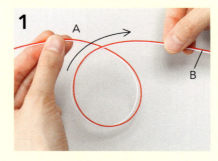

1　Bを上にして重ねます

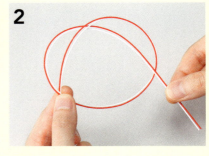

2　交差したところを左手でもって、右手でBを下→上と通します

3　輪を小さく形を整えます

枝巻き

束状の水引やワイヤーを束ねられます。鶴の首や枝などを巻くときに使います

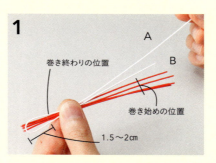

1　赤い水引を白い水引で巻きます。巻き用の水引（白）の先端をU字にします。Bは巻き始めの位置から引っ張れる程度の長さを残します。巻き終わりの位置から1.5〜2cmのところにU字の端を合わせます

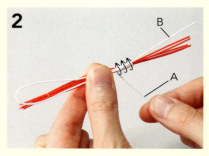

2　指定の位置から、Aの水引をU字の先端に向かって巻きます。巻き用の水引と束ねる水引の色が同じ場合は、Bの先端をひとつ結び（p.92）にして目印にします

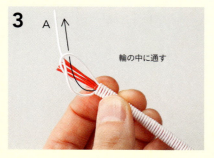

3　指定の位置まで巻いたら、U字の穴にAの水引を差し入れます

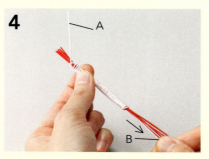

4　Bの水引をU字にした部分が締まるまで引っ張ります

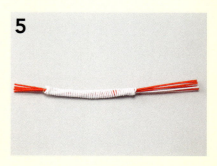

5　AとBともに余分な水引をカットします

抱きあわじ結び

2組の水引を抱き合わせるように結びます。下側の水引を残して帯として使うこともできます

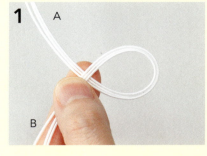

1 白い水引をBが上に重なるように輪を作り、左手で押さえます

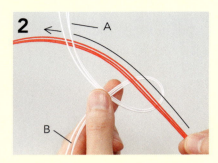

2 赤い水引を白の輪の上に重ねます。赤は白のAの下にくるようにします

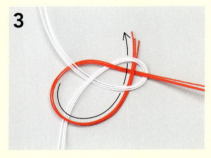

3 赤を白の上、下、赤の上、白の下の順で通します

4 内側の水引から1本ずつ引っ張り、赤白の輪のサイズを均等にします

5 余分な水引をカットして完成です

丸結び

玉結びやあわじ玉とも呼ばれます。あわじ結びに水引を沿わせ、丸くしながら結びます

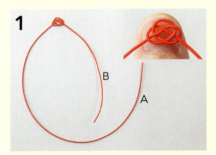

1 水引の1/3の位置で親指のツメの大きさほどのあわじ結び(p.7)を作ります

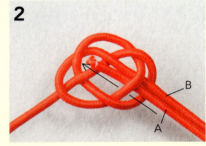

2 あわじ結びのBの内側に沿ってAの水引を上、下、上の順で通します

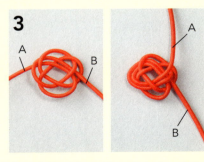

3 菜の花結び(p.90)にしたら、あわじ結びの内側にAの水引を沿わせていきます

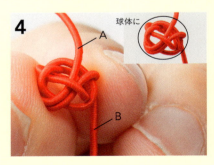

4 3を指先で押し上げるようにして半球体にし、さらに球体になるように丸めます。少々形が崩れても、しっかり丸みをつけます

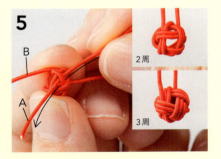

5 2周、3周と内側に沿わせます。余分な水引を5mm残してカット。球体の内側に目打ちなどを使い先端を押し込みます

亀の子結び

形が亀の甲羅に似ていることから亀の子結びと呼ばれます。亀や鶴の背や体の部分などに使います

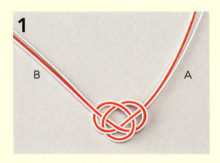

1 あわじ結び（p.7）を作ります

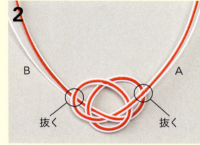

2 水引のAとBの○の部分を抜きます

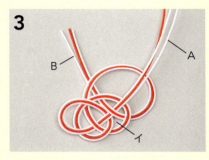

3 BをAの下に通し、イの輪の下、上、下と通します

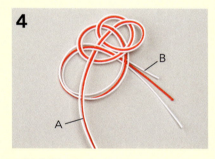

4 天地を逆にします

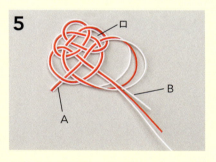

5 AをBの下に通しロの輪へ上から入れ、下、上、下、上、下と左の方へ編み入れます

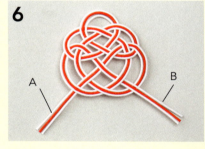

6 最初のあわじ結びから順に形を整えて、余分な水引をカットします

One point advice

亀の子結びを立体的に形を整えるときは、まず全体の形を整えます。余分な水引をカットする前に、最初のあわじ結びから順に中央に丸みをつけながら、形を整えます

本書で使う道具

A カッティングマット
カッターを使う作業をするときに机を傷つけないように。サイズはA4以上が便利です

B 両面テープ
本書では基本的に15mm幅を使用しています。作品に応じて幅を変えると便利です

C 三角定規
直角に切るとき・折り線をつけるときに使用します。5mm方眼が入っていると寸法を測りやすいです

D カッター
紙を直線にカットするときに使用します。カッターの刃はこまめに替えましょう

E ハサミ
クラフト用ハサミがおすすめです。粘着テープを切るハサミと分けると切れ味が長持ちします

F 目打ち
包み紙に折り線をつけるときや、水引の結び目に隙間を空けるときなどに使用します

G ラジオペンチ
ワイヤーを使う作業のときに使用します。自分の手になじむものを選びましょう

H 木工用ボンド
接着・固定のときに使用します。速乾性タイプが使いやすくおすすめです

I のり
紙を貼り合わせるときに使用します。使い勝手のよいスティックタイプが便利です

J 定規
30cmほどのものがあると便利です。素材は使いやすいものでかまいません

K #24・#26ワイヤー（白・緑）
フラワー用のワイヤーで番号が大きいほど細くなります。太さは作品によって使い分けます

L #30ワイヤー
細いタイプのワイヤーです。少ない本数の水引を固定するときなどに。#28でも代用できます

M ホットボンド（グルーガン）
大きなパーツを手早く固定したいときなどに使用します。あると便利です

N 多用途タイプの接着剤
アクセサリーパーツを接着するときに。紙と金属が固定できるタイプのものを選びましょう

O マスキングテープ
仮留めするときなどにあると便利です。棒に巻きつけるなどアレンジとしても使用できます

P フローラテープ
フラワー用のテープです。伸ばしながら使います。本書ではグリーンとブラウンを使用しています

Q 透明テープ
幅広の梱包用テープです。水引で帯を作るときにしっかり固定できるので便利です

※本書では#30ワイヤーを「ワイヤー」、木工用ボンドを「ボンド」と表記しています。ワイヤー類の扱いにはご注意下さい。

長浦ちえ　Chie NAGAURA
水引デザイナー／アートディレクター

福岡県生まれ。武蔵野美術大学卒業。
2004〜2005年にかけてパリに滞在。水引を使ったアートワークの制作活動を展開する。帰国後、企業のSPやオリジナル商品を多数手がけ、2013年より自身のブランド【TIER〈タイヤー〉】を立ち上げる。伝統にロックやポップのスパイスを加えたオリジナルのデザインにも定評がある。現在、プロダクトデザインのほかに、企業広告、雑誌・ポスター・CDジャケットのアートワーク、イベントのアートディレクションなどジャンルの垣根を越えて活躍中。著書に『手軽につくれる水引アレンジBOOK』、『手軽につくれる水引アレンジBOOK2』(エクスナレッジ刊)。

HP　　　　http://tiers.jp/
Facebook　https://www.facebook.com/tiers358/
Instagram　https://www.instagram.com/tier_chie/

STAFF
ブックデザイン　渡部浩美
撮影　　　　　　大見謝星斗 (世界文化社)
校正　　　　　　株式会社円水社
企画・編集　　　ハイネ奈津子 (PASSHUNTER EDITIONS)
編集部　　　　　佐藤昌代 (世界文化社)

SPECIAL THANKS
イトノサキ
CONCEPT JEWELRY WORKS
mimosa
山響ART

水引材料購入先
[HP]
飯田水引協同組合
http://iidamizuhiki.jp/
Fax.0265-22-3369

さん・おいけオンラインストア
http://www.sun-oike.co.jp/webshop/
Tel.0896-58-0022

はじめての水引アレンジ

発行日　2016年11月25日　初版第1刷発行
　　　　2024年 3 月25日　　　　第8刷発行
著者　　　　長浦ちえ
発行者　　　竹間 勉
発行　　　　株式会社世界文化ブックス
発行・発売　株式会社世界文化社
　　　　　　〒102-8195　東京都千代田区九段北4-2-29
　　　　　　電話03-3262-5118（編集部）
　　　　　　　　03-3262-5115（販売部）
印刷・製本　TOPPAN株式会社
DTP製作　　株式会社明昌堂

©Chie Nagaura,2016.Printed in Japan
ISBN 978-4-418-16434-9

無断転載・複写（コピー、スキャン、デジタル化等）を禁じます。定価はカバーに表示してあります。
落丁・乱丁のある場合はお取り替えいたします。
本書を代行業者等の第三者に依頼して複製する行為は、たとえ個人や家庭内での利用であっても認められていません。

●本書に掲載している作品を複製して販売することは固くお断りいたします。発見した場合は、法的措置をとらせていただく場合があります。